AF221499

Die Wahrheit
darf wahr werden

Günther Messerschmid

Bibliografische Information der Deutschen Nationalbibliothek:
Die Deutsche Nationalbibliothek verzeichnet diese Publikation
in der Deutschen Nationalbibliografie; detaillierte bibliografische Daten sind im Internet über dnb.dnb.de abrufbar.

© 2020 Günther Messerschmid

Original Bilder: Monika Schlöbe
design-malerei-schlöbe.de

Herstellung und Verlag:
BoD - Books on Demand, Norderstedt

ISBN 9 783752 623970

Inhaltsangabe

Solange wir Schuld bei anderen suchen,

finden wir sie nicht in uns selbst.

1. Vorwort

Unser Ego ist ein Teil unseres Wesens. Es ist ein Produkt unserer Entwicklung hier in dieser Realität. Wir brauchen es, um unsere Individualität zu erfahren. Wir brauchen es nicht dazu, unser Leben zu bestimmen und zu führen. Genau das ist es jedoch, was während unserer Entwicklung vom Kleinkind bis zum Erwachsenen geschieht. Unser Ego wird durch Erziehung zur Anpassung an die jeweilig vorherrschende soziale und kulturelle Umgebung trainiert. Es wird durch Erziehung oder Schulausbildung nicht darüber informiert, dass es noch andere Wahrnehmungsmöglichkeiten gibt als die, die wir über unseren Körper erfahren. Dadurch wird es so dominant, dass unser ICH meint, unser Ego zu sein. Wir identifizieren uns soweit mit unserem Ego, das wir mit ihm eins werden.

Dies lässt sich mit einem etwas Groben, dafür aber leicht verständlichen Beispiel erklären. Nehmen wir einmal an, wir wären ein Küken in einem Ei. Das Innere des Eies wäre die irdische Welt, so wie wir sie kennen. Der Eidotter wäre die Lebensenergie, die uns für die Entwicklung im Ei mitgegeben wurde. Die Eischale stellt in diesem Beispiel die Abgrenzung zur spirituellen Welt dar. Wir wachsen also nun in dem Ei heran, bis wir eines Tages die Lebensenergie aufgebraucht haben und kräftig genug sind, die Eischale aufzupicken. Dies ist ein wichtiger Erfahrungsprozess. Wir tun es, weil uns das Ei zu eng geworden ist, weil es für uns nur noch ein Käfig ist. Wir lernen dabei uns selbst zu vertrauen, um der vagen Vermutung, dass da draußen noch etwas anderes ist, zu folgen. Wir lernen weiterhin dabei, unseren Sinnen zu vertrauen und unsere Fähigkeiten einzusetzen, um unserem ursprünglichen Schutz und jetzigem Gefängnis zu entfliehen. Wenn wir dann endlich die Schale aufgepickt haben, vergeht nur noch eine kurze Zeit der Fütterung, und wir können als freier Vogel davon flattern.

Dieses Beispiel lässt sich gut auf Menschen übertragen. Nur dass wir Menschen es nicht schaffen, die Eischale aufzupicken. Sobald die Lebensenergie, in unserem Beispiel der Eidotter, verbraucht ist, geben wir auf. Wir kämpfen nicht um unsere Freiheit, wir verenden im Ei und beginnen den Zyklus der Wiedergeburt aufs Neue, weil wir nicht unseren Instinkten folgen, sondern alleine den Lehren, die wir innerhalb des Eies während unseres Entwicklungsprozesses erhalten haben.

Wenn wir das Beispiel mit dem Ei auf unser irdisches Leben übertragen, steht die Eierschale für all das erlittene Trauma, welches wir in unseren vielen Leben erfahren haben. Und da unser menschliches Ei nicht nur aus einem Individuum besteht, sondern aus Milliarden Individuen in einem ganzen Universum, erscheint uns dieses Universum als das einzig Wahre. Wir können uns einfach nicht vorstellen, dass es darüber hinaus noch viel mehr gibt. Wir trauen weder unseren Instinkten noch unseren „feinen" Wahrnehmungen, sondern akzeptieren nur das, was wir über unseren Körper erfahren können. Und so bleiben wir dann über unzählig viele Leben in dem Ei gefangen, das wir Universum nennen.

Dieses Buch soll das Wissen vermitteln und dabei helfen, unseren Horizont über die Eierschale hinaus zu erweitern. Es wirft Licht auf die Frage, ob der menschliche Geist nicht noch weiter reicht, wie bis zum Urknall. Ob er Bereiche erreichen kann, die weit über unser reales Verständnis hinausgehen und nur noch mit den neusten Erkenntnissen aus der Mathematik und Physik zu erklären sind. Es soll über Möglichkeiten unseres Geistes informieren, über alle Begrenzungen unserer Realität, auch die der Zeit und des Raumes, hinauszuwachsen.

Was an Möglichkeiten und Fähigkeiten in uns schlummert, lässt sich vielfach beschreiben. Aus der Sicht des Heilers werden Wege beschrieben, wie Raum und Zeit hinter sich gelassen werden können, um dort zu heilen, wo Krankheiten entstanden sind. Das Buch beschreibt auch die Gefahren unserer heutigen Zeit, die in der Tiefe unseres Unterbewusstseins unsere Seele belasten. Es soll informieren, nicht überzeugen. Es ist die Summe von Erlebnissen und Erfahrungen der Zusammenarbeit einiger Menschen über 25 Jahre. Daher sind die inhaltlichen Beschreibungen und Erzählungen nicht mehr subjektiv, andererseits auch noch nicht objektiv, weil gleichartige Erkenntnisse vieler nicht einfließen konnten.

Dies ist die Hoffnung für die Zukunft:
Das künftige Generationen sich vermehrt und vertieft mit dem Thema „Geistige Heilung" beschäftigen. Dann vielleicht auch mit wissenschaftlichen Ansätzen, die über die reine Beobachtung der Möglichkeiten hinausgehen.

2. Der Weg nach Innen - die höheren Sinne entdecken

Der Begriff „höhere Sinne" ist eine Beschreibung für die Fähigkeit, unsere Wahrnehmung über die körperlichen Begrenzungen hinaus zu erweitern. Wenn wir die Faszination und die Liebe zu einer inneren Fähigkeit entdecken, können wir sie mit Geduld weit über das gewohnte Maß hinaus entwickeln. Wir sprechen dann gerade in der Kunst von inspiriert, wenn jemand im Mittelalter hellsichtig war, hatte er das Zweite Gesicht. Die Sprache mag sich ändern, unsere Fähigkeiten nicht. Welche das ist, welche uns am meisten fasziniert, stellen wir im Laufe unseres Lebens selbst fest.

Ob es nun die Beschäftigung mit Büchern ist, aus denen wir rezitieren können, selbst wenn wir sie seit Jahren nicht mehr gelesen haben oder Modellflugzeuge bauen, die ihren Vorbildern so nahekommen, dass sie in der Luft wie echte Flugzeuge aussehen - der Mensch ist in der Lage, Dinge zu vollbringen, die den üblichen Rahmen bei Weitem sprengen.

Die höheren Sinne können wir uns auf die gleiche Weise erschließen. Wir müssen nur unsere Achtsamkeit vom Äußeren ins Innere richten. Während Meditationen können wir lernen, die äußeren Eindrücke auszuklammern, um auf die Eindrücke aus unserem Inneren zu achten. Es mag anfangs verwirrend sein. Mit der Zeit lernen wir, die wesentlichen inneren Eindrücke von den unwesentlichen zu unterscheiden und mit unserer Aufmerksamkeit nur noch den wesentlichen zu folgen.

Die innere Wahrnehmung ist nichts anderes als das Empfangen der Botschaften aus unserem tiefen Unterbewusstsein. Diese können als Bilder vor unserem geistigen Auge entstehen, als Wissen in unserem Verstand, oder als Gefühle in unserem Herzen. Wichtig ist nur zu wissen, dass es möglich ist, ob nun spontan oder nach langer Übung. So wie es einem Rennfahrer möglich ist, seinen Wagen mit höchster Geschwindigkeit vom Start bis zum Ziel zu bringen, ist es einem medial arbeitenden Menschen möglich, eine Sitzung durchzuführen, in der die Grenzen von Zeit und Raum aufgehoben sind.

Was wir dabei entdecken ist, dass unsere bekannte Welt nur ein kleiner Teil dessen ist, was darüber hinaus noch existiert. Dadurch haben wir die Möglichkeit, mit Ebenen, auf die wir körperlich keinen Zugriff haben, die sich aber auf unseren Körper auswirken können, in Kontakt zu kommen. Dies wiederum gibt uns die Möglichkeit, über Raum und Zeit hinaus traumatische Erfahrungen so aufzuarbeiten, dass sie im dort und im hier geheilt werden.

Für die geistige Heilung ist uns der Blick in die geistige Welt jederzeit möglich, weil die Ursachen für viele Krankheiten dort ihren Ursprung haben. Der Blick in die spirituelle Welt, also den Ort, den wir als Himmel bezeichnen und wo wir unseren Ursprung haben, ist eine seltene Ausnahme. Der Unterschied zwischen der geistigen und der spirituellen Welt wird an anderer Stelle ausführlich behandelt. Die Seltenheit des Blickes in die spirituelle Welt dient zu unserem Schutz. Wenn wir einmal erfahren haben, dass es diesen Ort wirklich gibt und er so schön ist, dass uns die Worte fehlen, ihn zu beschreiben, fällt die Rückkehr in unsere Realität nicht wirklich leicht.

Wir dürfen heilen. Und wir dürfen dazu unsere irdischen Begrenzungen verlassen. Das ist schon sehr viel mehr Freiraum, als wir uns erhoffen können.

Was bei der inneren Entdeckungsreise geschehen kann, ist die Möglichkeit, dass wir die Fähigkeit der übersinnlichen Wahrnehmung wieder entdecken. Sie ist uns von Natur aus mitgegeben. Sie war in der Frühzeit hochgeachtet. Im Laufe der Jahrhunderte wurde sie durch Missbrauch und Verachtung als teuflisch beurteilt und verurteilt. Da über Jahrhunderte das Wissen über diese Fähigkeit unterdrückt wurde, ist sie aus unserem Bewusstsein in den unterbewussten Bereich unserer Seele verschoben. Wir wissen es nicht mehr, dass wir diese Fähigkeit haben und was wir nicht kennen, nehmen wir nicht wahr.

Das heißt nicht, dass wir unsere übersinnliche Wahrnehmung verloren haben. Sie ist noch da. Wir müssen sie nur für uns wiederentdecken und aus der Verborgenheit des Unterbewussten herausholen, um sie für unser Bewusstsein zugänglich zu machen. Bei manchen Menschen liegt die Fähigkeit an der Grenze der unterbewussten zur bewussten Wahrnehmung, bei einigen tiefer und bei manchen ist sie nur schwer erreichbar. Es hängt wohl auch davon ab, was wir in diesem Leben erreichen wollen und ob wir dazu die übersinnliche Wahrnehmung benötigen. Falls ja, muss das Interesse und die Motivation groß genug sein, uns den Zugang auch unter widrigen Umständen wieder zu erschließen.

Wir ermöglichen uns dadurch die Bewusstseinserweiterung und Selbsterkenntnis in einem Maß, wie wir es uns zuvor nicht vorstellen konnten.

3. Grundlagen

Für das Verständnis der Seele ist es nützlich, einige Begriffe, die im weiteren Verlauf öfters verwendet werden, näher zu erklären. Die Begriffe im Buch haben keinen Anspruch auf Allgemeingültigkeit.

Seele

Um unsere Seele zu verstehen, müssen wir unsere üblichen Denkmuster verlassen. Für unsere Seele gibt es keine Raum-Zeit-Begrenzung. Unsere Seele ist universell. Egal wie tief wir mit unserer bewussten Erkenntnis in den Mikro- oder Makrokosmos vordringen, unsere Seele ist schon da. Für unsere Seele gibt es keine physikalischen Begrenzungen. Sie ist Grenzen- und Zeitlos. Daher können wir sie auch nicht mit unserem irdischen Verstand erfassen, wie wir Wein in einer Flasche anschauen und probieren können.

Aber - es ist alles nicht so kompliziert, wie wir vielleicht meinen. Unsere Seele spricht ständig zu uns. Wenn wir lernen, die Seelensprachen zu verstehen, erhalten wir einen Zugang zu unserem tiefen Selbst. Die verschiedenen Sprachen unserer Seele sind Gefühle, Träume und wenn wir damit gelernt haben umzugehen, auch Wissen. Wir wissen dann, ob etwas richtig oder falsch ist, und verstehen durch Gedankenblitze Zusammenhänge, die uns zuvor unklar waren.

Unsere Seele ist EINS - sie IST. Damit wir sie besser verstehen können, gehen wir in eine Analyse der wichtigsten Fähigkeiten, die sie in unserem irdischen Leben zum Ausdruck bringen kann. Dazu unterscheiden wir die folgenden Seelenebenen:

Unterbewusstsein

Das Unterbewusstsein ist der irdische Teil unserer Seele. Aus diesem Teil entspringen u. a. unsere Träume und Gefühle. Er ist besonders stark mit unserem irdischen Dasein verbunden und auf ihn wirken sich die positiven und negativen Einflüsse am stärksten aus. Wenn in den folgenden Kapiteln von Unterbewusstsein die Rede ist, ist der Teil unserer Seele gemeint, der für dieses Leben zuständig ist und auf den traumatische Erfahrungen einwirken.

Ego - ICH - Bewusstsein

Um Individualität erfahren zu können, ist unser Ego auf Trennung ausgelegt. Es muss sich trennen, damit es sich als Individuum, als einzigartige Persönlichkeit erleben kann. Dadurch erfolgt eine Abstraktion von unserem Wesen. Wir sind nicht mehr der, der wir wirklich sind, sondern das, was unser Ego meint zu sein oder das, was es gerne sein möchte. In der Regel orientiert sich unser Ego an der Akzeptanz durch das Umfeld und der Gesellschaft, die diese in Form von Anerkennung und/oder materiellen Gütern gibt. Durch diese Bestätigung sind die meisten Menschen bereit, sich in ein soziales Gefüge zu integrieren und für dieses ihren Beitrag zu leisten. Nur durch Solidargemeinschaften konnte die Menschheit in den Jahrtausenden ihrer Entwicklung überleben und zur dominierenden Spezies auf dem Planeten werden.

In unserem Inneren bilden wir eine ähnliche Solidargemeinschaft. Auch wenn wir in Wirklichkeit EINS sind, lassen sich bestimmte Merkmale so differenzieren, dass sie für unser Verständnis um die Zusammenhänge leichter erreichbar werden.

Dazu ein Beispiel. Nehmen wir einen Fußball. Dessen Merkmale sind:

- er ist aus vielen einzelnen Lederstücken mit einem starken Faden zusammengenäht.
- für die Stabilität gibt es eine innere Gummihülle mit einem Luftventil.
- diese wird mit Pressluft gefüllt, um am Ende einen runden Ball zu formen.
- auf den Ball kann man kräftig mit den Füssen eintreten, damit er weit durch die Luft fliegt.

Am Ende, nach dieser ganzen Beschreibung, ist es immer noch ein Fußball. So verhält es sich auch, wenn wir uns selbst beschreiben. Wir können uns gedanklich in unsere Einzelteile zerlegen und bleiben am Ende das, was wir sind, ein menschliches Wesen. Hier nun zu einer Beschreibung der Merkmale unseres Wesens.

Seele mit Ego, ICH, Bewusstsein und Fähigkeiten

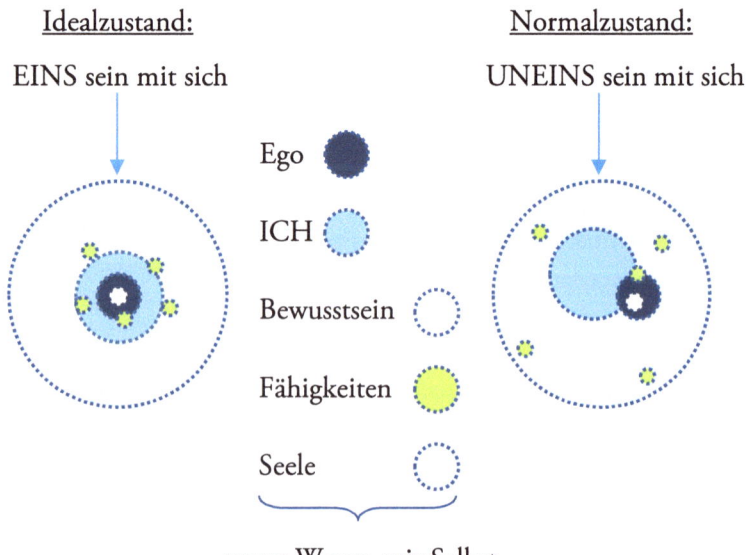

Im Idealzustand kennen wir uns selbst, wissen um unsere Fähigkeiten, gehen mit uns integer um und sind Eins mit uns. Es ist wohl keine falsche Vermutung, wenn niemand behaupten kann, diesen Zustand für sich erreicht zu haben. Der Normalzustand ist der, dass wir uns mit all unseren Fähigkeiten nicht kennen und unsere Seele für uns eher ein großes Rätsel ist.

Bewusstsein erlebt, es entscheidet nicht. Es ist der Bereich unserer Seele, an dem uns etwas bewusst wird, sei es nun die gesprochene Sprache, Sinneseindrücke wie Sehen, Träume, Gefühle oder ein Gedankenblitz.

Unser **ICH** entscheidet. Wenn unser ICH aber meint, unser Ego zu sein, entscheidet es im Sinne von Ego, dem Teil in uns, der für unsere Individualität zuständig ist. Ego kennt jedoch keine Integrität. Es kann keine Integrität kennen, weil es nur ein Teil von uns ist. Deshalb muss schon von Kindesalter an Menschen systemkonformes Verhalten entsprechend dem Land, in dem sie aufwachsen, beigebracht werden. Wenn dieses Wissen in unserem Bewusstsein verankert wäre, könnten wir viel leichter Entscheidungen fällen, die unsere wahren Bedürfnisse widerspiegeln. Zu unseren innersten Bedürfnissen, den Bedürfnissen unseres ICH, gehören Liebe, Wahrheit, Gerechtigkeit, Sicherheit und Frieden, also ein Umfeld, indem sich unser Wesen entfalten kann.

Wesen

Unser Wesen ist die Gesamtheit unserer Eigenschaften und Fähigkeiten, einschließlich des irdischen Teils unserer Seele. Es ist Mitglied unserer spirituellen Familie von weiteren Wesen, denen wir in unseren vielen Leben immer wieder begegnen.

Im Idealzustand sind wir mit uns EINS, jeder Seelenbereich nimmt seinen Platz ein und unterliegt der Führung unseres ICH.

Es ist schon so, unser ICH führt unsere Eigenschaften wie Ego, Bewusstsein und die Fähigkeiten. Wenn z. B. eine unserer Fähigkeiten besonders nah bei unserem ICH und Ego liegen, fällt es uns bedeutend leichter, diese weiter zu entwickeln wie eine Fähigkeit, die weiter von ICH und Ego liegt. Im Rahmen einer solchen Fähigkeit ist es uns dann möglich, besondere Fortschritte zu erzielen. Sei es nun in der Politik, Wissenschaft, Kunst oder in einem anderen Bereich. Dann erreichen wir selbst in unserem Istzustand ein Gefühl des EINS Seins mit uns in diesem speziellen Bereich. Das ist auch einer der Gründe, warum es uns manchmal so schwerfällt loszulassen, z. B. in Rente zu gehen oder Kinder aus dem Haus gehen zu lassen.

Im Idealzustand sind wir EINS mit uns selbst. Wir haben begriffen, dass wir nicht unser Ego sind, sondern dieses nur für die Erfahrung und das Erleben unserer Individualität zuständig ist. Wir wissen und haben es gelernt, dass wir unser Ego kontrollieren müssen, wenn wir nicht von unserem Ego kontrolliert werden wollen.

Der Istzustand ist das „Durcheinander" unserer Eigenschaften. Er entsteht durch Prägesituationen, Erziehungsfehler, traumatische Einflüsse und Besetzungen (Anm.: Besetzungen werden an späterer Stelle erklärt). Durch Auflösungsarbeit können wir unserem Idealzustand wieder näherkommen.

Seelische Eigenschaften und Fähigkeiten

Seelische Eigenschaften sind Teile unseres Selbst, die wir bereits in dieses Leben mitbringen. Die in der Materie wichtigsten sind unser ICH, unser Ego und unser Bewusstsein. Es ist das Wissen und Können, das wir haben, jedoch in unserem Körper noch nicht einsetzen können. Wir lernen als Baby über das Kleinkind hin zum Kind, einen Teil unserer Eigenschaften in unserem Körper einzusetzen. Wir können viel mehr, aber unser Körper kann es nicht, bzw. nur einen Teil von dem, was wir können. Und so lernt unser Körper, die seelenlose Materie, durch uns. Ein Beispiel: Wir wollen zum Wohnzimmerschrank gehen. Unser Körper gehorcht uns und geht zum Schrank. Das Gehen hat er zuvor schon nach unzähligem Hinfallen gelernt. Zum Gehen gehört auch der Gleichgewichtssinn. Mit diesem kann unser Körper erst nach vielen Versuchen richtig umgehen, d. h. die Körpersignale richtig deuten und zuzuordnen.

Es ist eine außerordentliche Leistung unseres Gehirns, die Signale von allen Nerven und Sinnesorganen so zu kombinieren und in Befehle für den Körper umzusetzen, dass daraus eine flüssige und vor allem sichere Handlung entsteht.

Der Unterschied zu unseren seelischen Eigenschaften sind unsere seelischen Fähigkeiten wie Herz (Liebe), Verstand, Erinnerung, Wachsamkeit, Emotionen, Sprache, Mitgefühl neben vielen anderen. Sie bilden wir im Laufe unserer Entwicklung in unseren vielen Leben selbst heraus. Für ihre Heranbildung sind wir selbst verantwortlich. Bitte an dieser Stelle nicht täuschen lassen. Natürlich haben wir im Äußeren viele Lehrer, in diesem und in anderen Leben. Am Ende haben wir jedoch nur uns selbst als Instanz, um etwas anzunehmen oder nicht.

Integrität

Integrität ist die Fähigkeit unserer Seele, die eigenen Grenzen zu akzeptieren und die Grenzen anderer zu respektieren. Eine Verletzung von Integrität, z. B. durch Handlungen unseres Egos bedeutet die Verletzung unserer Seele.

Wir sind für uns der Mittelpunkt. Wenn wir unsere Grenzen verlassen, verletzen wir uns selbst, wenn wir dabei die Grenzen zu einem anderen überschreiten, verletzen wir auch dessen Integrität.

Ein einfaches Beispiel: Wenn ein fremder Mann die Hand auf den Oberschenkel einer Frau legt (oder umgekehrt), hat er nicht nur ihre, sondern auch seine Integrität verletzt. Schwere Verletzungen können traumatisch wirken, wenn sie eine Blockade verursachen. Sie können, wenn sie den Tod herbeiführen, so statisch wirken, dass sie über den Tod hinaus in unserer Seele verankert bleiben.

Licht

Unter Licht ist im Buch immer der Himmel gemeint. Es ist nur ein Begriff für den Ort, der unser wirkliches Zuhause, unsere Heimat im tiefsten Sinne des Wortes ist. Das Wort Himmel ist für viele Menschen negativ besetzt, weil es im Laufe der Jahrhunderte zu oft für andere Zwecke missbraucht wurde, als zu verdeutlichen, dass es einen Ort gibt, wo wir hingehen können, nachdem wir unseren Körper verlassen haben. Einen Ort, an dem wir für immer glücklich und geborgen sind und kein Leid mehr erfahren müssen.

Hölle

Wenn in diesem Buch das Wort Hölle vorkommt, dient es ausschließlich der Bezeichnung eines Ortes, an dem eine Seele und auch ein Bewusstsein in Leid gefangen sein können. Es gibt viele Höllen. Diese Erde ist eine davon. Sie ist nicht die schlimmste Hölle, aber immer noch eine, in der getötet wird und Menschen sich selbst, der Natur, ja sogar der Erde unendliches Leid zufügen.

Unser irdisches Dasein entspricht nicht unserer wahren Natur. Unsere wahre Natur ist gottesgläubig, friedlich, gerecht und fügt anderen Lebewesen kein Leid zu. Daher kommt unser innerstes Streben nach dem Ort, wo wir sein können, wie wir wirklich sind und nicht etwas sein müssen, das uns lediglich das Überleben ermöglicht.

Damit ist dann auch die Natur aller Menschen definiert. Wir sind alle „göttlicher Natur".

3.1. Trauma

Trauma ist eine durch ein schmerzhaftes seelisches Ereignis auf der Seelenebene verursachte Blockade. Ein ausschließlich körperliches schmerzhaftes Ereignis führt zu keiner Blockade. Erst wenn unsere Seelenebene und damit unsere Integrität verletzt wird, z. B. durch einen fremd verursachten Unfall, entsteht eine traumatische Blockade. Eine solche Blockade behindert oder verhindert den Zugang zu einem Bereich unserer Seele und damit zu unserem Körper und/oder zu unseren Emotionen. Sie verstärkt sich bei einer der Auslösesituation entsprechenden Folgesituationen durch Über-, Unter- oder Nichtreaktion.

Vielleicht kennen Sie eine Situation aus ihrem Leben, bei der jedes Mal, wenn bestimmte Faktoren gegeben sind, ihre inneren Alarmglocken läuten. Zum Beispiel, wenn Sie in eine Verkehrssituation kommen, die einer Situation ähnelt, in der sie einmal einen Unfall hatten.

Hinweis:

Trauma, welches während eines Lebens entsteht, wird nicht in ein anderes Leben mitgenommen.

Sonderform von Trauma: traumatische Prägung

Traumatische Prägungen entstehen durch traumatische Erfahrungen um den 5. Schwangerschaftsmonat bis um das zweite Lebensjahr. Sie können bestimmend für den Verlauf des restlichen Lebens werden. Sie haben deshalb eine besondere Wirkung, weil der irdische Teil unserer Seele noch „unbeschrieben" ist. In diesem Alter erfahrene Traumas entfalten eine bleibende Wirkung, die auch durch spätere Traumaarbeit nicht mehr vollständig aufgelöst werden können. Wenn die Summe der Wirkungen solcher Prägesituationen in eine Richtung weißt, ist sie für den Betroffenen nicht mehr veränderbar. Insbesondere, wenn positive Prägungen fehlen, wie z. B. die Nähe zur Mutter. Sie bestimmen die Verhaltensweisen in den die Traumakette betreffenden Lebensbereichen. Eine entsprechende Traumakette kann z. B. Auslöser für Homosexualität sein. Der Lebensweg oder besser der Entwicklungsweg unserer Seele kann mit der Blockaden-Auflösung von negativen Prägungen nicht verändert, aber verstanden und dadurch erleichtert werden.

3.2. Karma

Karma im Sinne der fernöstlichen Betrachtungsweise ist unser vorgegebenes Schicksal. Wenn wir unser Schicksal als unsere selbst gewählte Bestimmung annehmen, als unsere Entscheidung vor unserer Geburt, wie wir unser Leben führen wollen, ist die Erfüllung für unsere Entwicklung wichtig. Der fernöstliche Begriff von Karma ist vom Verständnis her vergleichbar dem westlichen Begriff des Schicksals. Unter diesem Blickwinkel betrachtet ergeben Prägesituationen einen Sinn. Es scheint, als würden sie uns die Richtung in diesem Leben geben, die wir für die Erfüllung unseres Schicksals benötigen.

Wir betrachten Schicksal gerne als etwas über uns Hereingebrochenes, als etwas, das wir nicht wollen und doch nicht verhindern können. Wenn wir Schicksal als unsere eigene spezifische Weise betrachten, unseren Lebensweg zu gehen, bekommt das Wort eine andere Bedeutung. Es verliert die bedrohliche Andeutung von negativem Geschehen und gewinnt die Möglichkeit der qualitativen Wegweisung.

Nehmen wir als Beispiel L. v. Beethoven. Sein Schicksal war es, gegen Ende seines Schaffens vollständig taub zu sein und trotzdem oder vielleicht sogar gerade deshalb große Musikwerke zu schaffen. Durch seine Taubheit konnte er seine Kompositionen nicht mehr über sein Gehör wahrnehmen. Er musste seine Musik vor seinem inneren Ohr, dem Ohr seiner Seele beim Betrachten der Noten abspielen. Dies ist geistiges Schaffen in höchster Form und spiegelt sich vollendet in seiner Musik.

Trauma und Karma sind von ihrem Wesen her identisch. Beides sind Blockaden, die durch Verletzungen hervorgerufen wurden. Der einzige Unterschied ist, ein Trauma entsteht in diesem Leben, Karma in einem anderen Leben.

3.3. Sterbetrauma

Trauma, das zum Zeitpunkt des Todes, also kurz vor oder während dem Sterbeprozess ausgelöst wird, bleibt auf der Seelenebene wirksam. Also immer dann, wenn der Sterbeprozess durch eine Verletzung unserer Integrität herbeigeführt wurde. Ein starkes Trauma aus diesem Leben wird verstärkt, wenn dessen Thema mit einem Trauma aus einem anderen Leben korrespondiert. Bei vom Thema her verwandten, bzw. gleichartigem Trauma entsteht eine Rückkopplung, welche die gegenseitige Wirkung verstärkt und sich zu einem Schockerlebnis entwickeln kann. Dieses kann sich z. B. durch Krankheiten oder Phobien in unserem bewussten Erleben zeigen. Ein Beispiel ist ein Beziehungsmord (Täter oder Opfer) in einem früheren Leben, das durch eine Trennung in diesem Leben angeregt wird. Die Folge in diesem Leben kann u. a. eine unerklärlich starke Depression sein.

Trauma liegt in Form einer Blockade in den Tiefen unseres Unterbewusstseins und behindert damit die Verbindung Seele-Körper-Bewusstsein. Durch verstandesmäßiges Suchen lassen sich solche Blockaden nicht finden. Wir müssen schon sehr genau auf emotionale oder körperliche Reaktionen achten, und unsere höheren Sinne der Wahrnehmung einsetzen, um auf die Spur von vorhandenem Trauma zu kommen. Viele Krankheiten haben ihren Ursprung in der Wirkung sich gegenseitig verstärkenden Traumas. Dies macht es gleichzeitig so schwierig, als Ursache von Krankheiten seelische Blockaden zu verstehen. Wir können von den Wirkungen der Blockaden oder Krankheiten nicht auf deren Ursachen schließen. Die Ursache ist oft eine ganz andere, als wir von unserem Verstand her vermuten können. Insbesondere dann, wenn eine Verkettung von unterschiedlichen traumatischen Blockaden ihre Wirkung in einer Abnormität entfalten.

Es wurde beispielsweise bei einem bösartigen Darmtumor eine traumatische Blockade aus diesem Leben und vier traumatische Blockaden aus anderen Leben gefunden. Nachdem diese aufgelöst waren, verkleinerte sich der Tumor in kurzer Zeit und konnte operativ ohne Vorbehandlung durch Bestrahlung oder Chemotherapie entfernt werden.

Der betroffene Darmbereich war jahrzehntelang durch Colitis ulcerosa vorbelastet, dessen Ursache die traumatischen Belastungen waren. Irgendwann entarteten Darmzellen, die durch das Immunsystem nicht beseitigt werden konnten, weil es den Krebs nicht erkennen konnte. Die Blockaden verhinderten die Erkennung der Krebszellen durch das körpereigene Immunsystem, so wie es schon die Erkrankung des Darmes nicht erkennen konnte. Der Tumor konnte sich entwickeln. Erst nachdem die traumatischen Blockaden aufgelöst waren, konnte das Immunsystem den Krebs erkennen und bekämpfen.

Trauma ist wie Schorf, der Verschluss einer Verletzung unserer Seele, der wie die Kruste einer Hautwunde unsere Seele vor gleichartigen Verletzungen durch Verhinderung schützen soll. Dieser Schutz fällt wie eine Kruste auf einer Hautwunde ab, wenn wir den Grund für die Verletzung verstanden haben und durch die Auflösung die innere Bereitschaft gefunden haben, keine gleichartigen Verletzungen mehr zuzulassen. Wir kennen ja dann die Art der Verletzung und benötigen deren Wirkung nicht mehr.

3.4. Traumaarbeit

Ein Trauma durch „Wiedergutmachung" aufzulösen, kann ein ganzes Leben dauern, z. B. die Auflösung eines Traumas mit dem eigenen Kind in diesem Leben, dessen Seele wir in einem anderen Leben Schaden zugefügt haben.

Wiedergutmachung eines anderen Lebens durch ein „es besser machen" in diesem Leben ist schwer und kann leicht durch andere Einflüsse zunichtegemacht werden. Dazu wäre es erforderlich, dass man sich an frühere Leben und die Fehler, die man dort machte, erinnert. Nur, wer tut das schon? Und selbst dann wäre es notwendig, dass man auch die Möglichkeit dazu hat, Fehler aus früheren Leben durch ein neues und besseres Leben „wieder gut" zu machen im Sinne unserer inneren Gerechtigkeit. Es ist der schwierigste Weg überhaupt und scheitert leicht an der Dauer eines ganzen Lebens und dem Risiko eines Misserfolges. Welche Konsequenzen hat das für unser Leben?

Die durch traumatische Erfahrungen erzeugten Blockaden häufen sich. Dies hat zur Folge, dass die Trennung unseres Bewusstseins von unserer Seele immer stärker wird. Unsere höheren Wahrnehmungen verkümmern mit jedem Leben mehr, bis wir irgendwann den Zugang zu unseren positiven Fähigkeiten wie Glauben, bedingungsloser Liebe oder die übersinnliche Wahrnehmung verlieren. An deren Stelle und als Ersatz treten dann die irdischen Götter wie Macht, Geld und Konsum.

Wir können unser Schicksal viel leichter erfüllen, wenn wir uns von unseren Traumas befreien. Der Königsweg zur Traumaauflösung ist die Traumaarbeit, die direkte Konfrontation mit Situationen, die in einem Leben ein so starkes Trauma ausgelöst haben, dass sie sich auf andere Leben auswirken. Die Konfrontation mit dem Geschehen ermöglicht das Herauslösen des Traumas aus der Dunkelheit des Vergessens hinauf in unser Bewusstsein. Die Betrachtung der Situation, das Verständnis für das Geschehene und letztendlich das gegenseitige Verzeihen ermöglichen es, dass sich die traumatische Blockade auflöst, die Seele von ihrer Last in dem anderen Leben befreit wird und dadurch der Seelenanteil (Unterbewusstsein) jenes Lebens zurück ins Licht gehen kann.

Der Prozess als Ganzes ist nicht leicht zu verstehen. Ein Trauma aus diesem Leben, das hier besonders stark wirkt, weil es eine Entsprechung in einem anderen Leben hat, wird von hier aus in dem anderen Leben aufgelöst. Wir lösen ein Trauma auf und nicht dessen Wirkung. Die Wirkung verschwindet, wenn die Ursache beseitigt ist. Wie das funktioniert, lässt sich leicht erklären. Unser Bewusstsein ist in unserem Körper in dieser Realität. Unsere Seele ist jedoch raum- und zeitlos. Sie ist überall und in jedem Leben gleichzeitig. Und über unsere Seele als Kanal können wir den Blick in jedes Leben werfen, das nach einer Auflösung verlangt, egal zu welcher Zeit und an welchem Ort es auch immer stattfinden mag.

Wir befreien mit einer Auflösung einen Teil unserer Seele aus einem Leben und einer Rolle, in der dieser Teil ein Kind, ein Mann oder eine Frau oder etwas anderes war und in einer traumatischen Situation gefangen ist. Unser Bewusstsein bleibt dabei in unserem Körper. Das Einzige, was wir dabei tun, ist unseren Fokus genau auf die traumatische Situation zu richten. Die für unseren Verstand räumliche und zeitliche Trennung stellt für unsere höhere Wahrnehmung keine Begrenzung dar. Diese besteht nur für unseren Körper, nicht jedoch für unsere höhere Wahrnehmung. Dass die höhere Wahrnehmung in unser Bewusstsein gelangen kann, erfordert allerdings das Interesse und den Glauben an die eigenen Möglichkeiten, Training und Übung. Hier ist es genau so wie bei allen anderen Betätigungen. Übung macht den Meister. Ein Spitzensportler bringt seine Spitzenleistung auch erst nach jahrelanger Übung und ständigem

Training. Man muss bei jeder Tätigkeit lernen, mit seinen Fähigkeiten richtig umzugehen, sie weiter zu entwickeln, um sie dann, wenn es erforderlich ist, von jetzt auf nachher zu aktivieren und auf den Punkt zu bringen.

Nach einiger Zeit geht der ganze Vorgang in „Fleisch und Blut" über. Er wird so selbstverständlich, dass er sich ins tägliche Leben integriert, genauso wie Essen oder trinken.

Ein Kleinkind braucht Jahre, bis es selbstständig essen kann, ohne dabei die Hälfte des Essens auf dem Tisch oder Boden zu verteilen. Ein Shaolin-Mönch braucht ebenfalls Jahre des Trainings, bis es ihm gelingt, mit einer Nadel ein Loch in eine Glasscheibe zu werfen. Ähnlich verhält es sich auch mit der Traumaarbeit. Der Unterschied ist lediglich, dass wir normalerweise die Verbindung unseres Bewusstseins zu unserem Körper trainieren und in diesem speziellen Fall die Verbindung unseres Bewusstseins zu unserer Seele.

3.5. Seelenwanderung

Lassen wir einmal unsere irdischen Gegebenheiten außer Acht. Schieben wir unsere Vorstellungen von Zeit und Raum, physikalischen und menschlichen Gesetzen, Körper, Geist und Seele beiseite.

Stellen wir uns einmal vor, wir wären göttlicher Natur und betrachten uns selbst aus spiritueller Sicht. Stellen wir uns weiter vor, dass es für uns keine Zeit und keinen Raum gibt, auch keine physikalischen Gesetze und keine Begrenzung durch einen materiellen Körper. Alles, was uns in unserer Wahrnehmung beschränkt und eingrenzt, wäre für eine kurze Zeit aufgelöst und nicht mehr wirksam. Stellen wir uns weiter vor, dass wir jederzeit an jeden beliebigen Ort wechseln können. Wir brauchen uns nur auf jemanden besinnen und wissen, wie es ihm geht und was er tut – genauso wie es derjenige auch mit uns kann. Es gäbe keine Geheimnisse, keine Beurteilung, keine Verurteilung und jeder wäre mit jedem im Reinen.

Geben wir nun diesem Zustand einen Begriff, nennen wir ihn unser eigentliches Wesen oder ganz kurz – unser Wesen. Unser Wesen wäre unsterblich, es wäre grenzenlos und hätte alle Eigenschaften, die wir uns von einem liebenden spirituellen Wesen vorstellen.

Nun möchte dieses Wesen – unser Wesen – sein Potenzial erfahren. Es möchte wissen, wie es ist, wenn die Grenze von Liebe zu Hass überschritten wird, oder die von Heil sein zu Verletzung. Wie kann es dies tun, ohne sich selbst zu verletzen? Wie kann es die Erfahrung von Begrenztheit erleben, ohne sich selbst zu begrenzen und einschränken zu müssen?

Es kann einen Teil von sich selbst in eine Umgebung senden, in der die Bedingungen von Begrenztheit herrschen. So eine Umgebung hätte Gegensätze wie Tag und Nacht, gleich und ungleich, weiß und schwarz und sie hätte Begrenzungen durch Zeit (Vergangenheit, Gegenwart, Zukunft) und Raum (hier, nah, weit entfernt). In einer solchen Umgebung könnten Erfahrungen und Wissen gesammelt werden, wie sie auf einer spirituellen Ebene nicht möglich sind. Auf der spirituellen Ebene ist es nicht möglich, ein anderes Wesen zu hassen, zu foltern oder gar zu töten, weil das die eigene Integrität und die Integrität eines anderen verletzen würde. Wie ist es, wenn man Opfer ist oder Täter? Wie fühlt es sich an, wenn man missbraucht wird oder missbraucht? Was für Konsequenzen hat es?

Um solche Dinge zu erfahren, entsendet unser Wesen einen Teil seines Selbst, seiner Seele und seines Bewusstseins in eine Umgebung, in der dies alles möglich ist. Für unser Wesen gibt es keine Begrenzung durch Zeit und Raum. Es kann also den Seelenanteil an jeden Ort und zu jeder Zeit des Universums schicken. Dort werden dann die Erfahrungen von Geburt und Tod, leben und sterben, erschaffen (zeugen) und zerstören (töten) erlebt, die auf der eigenen Ebene nicht möglich sind.

Wenn alle Erfahrungen gemacht sind, die auf der irdischen Ebene möglich sind, wird der Seelenanteil mit seinem Bewusstsein zurückgerufen und vereinigt sich wieder zu einem Ganzen. Während der Trennung hatte das Bewusstsein keine bewusste Verbindung zum Ganzen. Es war auf sich alleine gestellt, wusste nicht, woher es kam und wohin es geht. Nur unter dieser Voraussetzung konnte es die ihm ureigenen Erfahrungen machen. Das Einzige, was es unter den Bedingungen der Trennung wahrnehmen konnte, ist die tiefe Sehnsucht nach seinem Ursprung und die nach Liebe.

Die Sehnsucht nach Liebe, die den Wunsch nach Nähe mit einschließt, wurde dem Bewusstsein mitgegeben, damit es wieder zu seinem eigentlichen Wesen zurückfinden kann. Sie wirkt wie eine

Navigationshilfe, die egal wie die Bedingungen auch sind, das Bewusstsein zu seinem Ursprungsort zurückführen sollen. Das Bewusstsein wird aber abgelenkt von anderen Bedürfnissen. Wir interpretieren den Wunsch nach Liebe falsch und meinen, ihn mit Ersatzbefriedigungen stillen zu können. Ersatzbefriedigungen wie ein großes Haus, eine erotische Frau oder Mann, ein Luxusauto und vieles andere mehr. Wer das alles hat, kann sicher davon berichten, dass letztendlich sein tiefer Wunsch nach wahrer Liebe von diesen Dingen nicht befriedigt wurde.

Was unser ICH auch vergessen hat, dass es von göttlicher Natur ist und die Trennung im Augenblick des körperlichen Todes überwinden kann. Es muss nur dem Licht folgen, das in dem Augenblick erscheint, wenn wir unseren Körper verlassen. In diesem Licht spüren wir die Liebe, nach der wir in unserem Innersten suchen. Wir müssen diesem Licht nur folgen, um das Rad der Wiedergeburten für immer zu verlassen und zu unserem Ursprung zurückzukehren.

3.6. Potenzial der Seele

Unsere Seele plastisch darzustellen ist nicht möglich. Dazu ist sie zu vielschichtig und komplex. Wir können jedoch die für uns erfassbaren und wichtigsten Merkmale hervorheben und beschreiben. Je besser wir unsere Seele verstehen, desto leichter fällt es uns, mit ihr richtig umzugehen. Richtig im Sinne von Integer und im Sinne von Vermeidung unnötiger Verletzungen. Seelische Verletzungen, insbesondere die durch Trauma, verhindern unsere Entwicklung. Wir Menschen sind kein Fertigprodukt aus der Tiefkühltruhe. Wir sind Wesen, die, wenn man sie lässt, ungeahnte Fähigkeiten entwickeln können.

Um unser Potenzial und die verhindernden Einflüsse etwas näher zu beschreiben, betrachten wir unsere Seele aus verschiedenen Perspektiven. Eine ist die Betrachtung unseres Potenzials, eine andere die der verhindernden Faktoren in diesem und in anderen Leben.

Eines haben wir in jedem Leben, die Möglichkeit uns von dem Zustand, in dem wir sind, hin zu dem zu entwickeln, was uns unsere Eigenschaften ermöglichen. Seelische Eigenschaften sind unser Bewusstsein, Verstand, Herz, Ego und unser Ich. Unser Potenzial ist, diese so weiterzuentwickeln, dass sie die Grenzen unserer Realität überschreiten können. Die Grenzen unserer Realität sind nicht die Grenzen unseres Geistes. Wenn wir körperlich zum Mond reisen wollten, würde das einen enormen technischen und zeitlichen Aufwand bedeuten. Mit unserem Geist können wir das in Sekundenbruchteilen. Das ist ein grober Vergleich, er soll auch nur herausstellen, zu was wir fähig sind, wenn wir die körperliche Begrenzung vernachlässigen.

Wenn wir uns unseren erweiterten Fähigkeiten öffnen, wird:

- Bewusstsein, Verstand und Hellsehen zu Wissen
- Herz, Mitgefühl und Hellfühlen zur bedingungslosen Liebe
- Ego und ICH zu ICH BIN

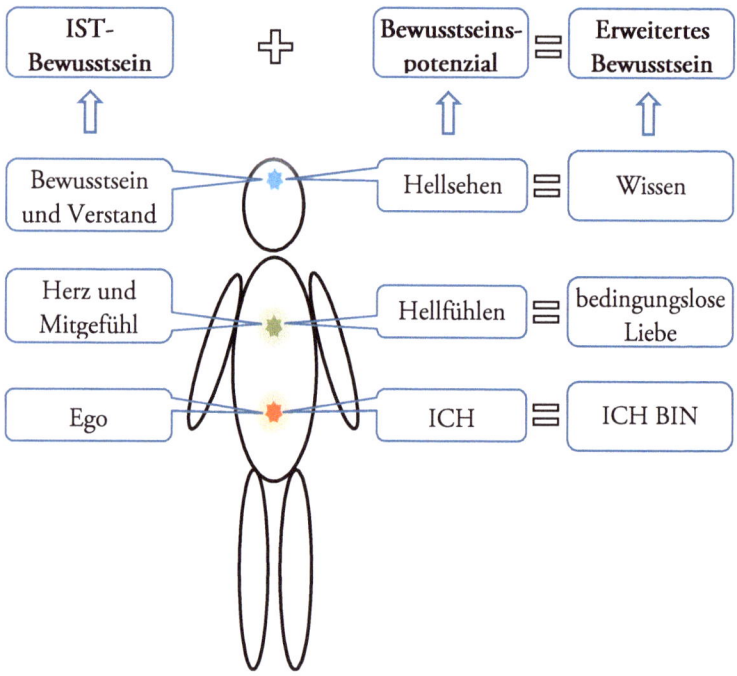

Die drei Zentren sind nicht identisch mit Chakren, auch wenn die Positionen ähnlich sind. Unsere Chakren liegen an der Oberfläche unseres Seelenkörpers. Von dort haben sie eine Verbindung in unseren Seelenkörper. Das Zentrum für Ego und Ich liegt im Bereich des Bauchnabels. Herz und Hellfühlen im Bereich des Herz-Chakras. Bewusstsein, Verstand und Hellsehen im Bereich des dritten Auges.

Sie sind in unserem Seelenkörper eingebettet und haben dort noch weitere Funktionen. Unser Seelen-Herz ist nicht nur der Ort, aus dem unsere Liebe entspringt, es ist auch der Platz, an dem sich unsere innere Familie versammelt. Unsere innere Familie sind die Seelenanteile aus unseren unterschiedlichen Altersstufen und auch die Verbindungen zu den uns nahestehenden Menschen.

3.7. Seelenkarte

Unsere Seele ist für Erziehung, Prägungen, traumatische Erfahrungen oder Fremdbesetzungen zugänglich, die, sobald sie sich auf der Seelenebene etabliert haben, den entsprechenden Bereich der Seele überlagern.

Das kann im Fall von Erziehung, Erfahrung und Ausbildung nützlich sein. Überlagerungen von Trauma oder ähnlich wirkenden Einflüssen sind für unsere Entwicklung eher hinderlich. Nehmen wir als einfaches Beispiel die Manipulation durch Propaganda und ganz konkret die Propaganda während des Naziregimes. Wenn wir nur lange und intensiv genug Meinungspropaganda ausgesetzt werden, übernehmen wir irgendwann diese Meinung, insbesondere dann, wenn die Manipulation stärker ist wie unsere eigene Meinung und unser Umfeld der Propaganda ebenfalls folgt. Ein weiteres Beispiel wäre eine traumatische Verletzung während einer sportlichen Betätigung, die dann den entsprechenden Lebensbereich überlagert.

Unsere Seele hat einen geschützten Bereich, der nur für sie zugänglich ist. Dieser Bereich ist vergleichbar mit einem Tresor in einem Haus oder einer passwortgeschützten Software in einem Computer. Er enthält die Identität unserer Seele. Er ist praktisch gesehen wie ein Pass. Dieser Seelenbereich kann nicht durch traumatische Ereignisse überlagert werden.

Dies lässt sich vereinfacht an einer Karte darstellen. Wenn wir alle überlagernden Effekte während eines Lebens sichtbar machen würden, indem wir sie auf einer Karte darstellen, würden sie einen deutlichen Teil unserer „Seelenebene" überdecken. Damit wird auch deutlich, warum es uns so schwerfällt, unser Selbst zum Ausdruck zu bringen. Insbesondere Prägungen und traumatische Blockaden überlagern unsere Seele mitunter so massiv, dass wir nur noch einen Bruchteil unserer Eigenschaften und Fähigkeiten zur Entfaltung bringen können.

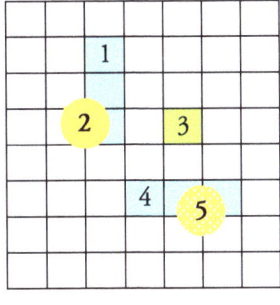

1 = Fähigkeit, z. B. Sprache
2 = traumatisches Ereignis
3 = geschützter Bereich
4 = Fähigkeit, z. B. soziale Kompetenz
5 = manipulierter Bereich,
     z. B. politische Meinung

Gehen wir nun einen Schritt weiter und entwickeln aus der 2D-Seelenkarte dieses Lebens eine 3D-Seelenkarte aus vielen Leben, in dem wir die einzelnen Karten hintereinander reihen. Es würde sich daraus ein räumliches Modell unseres Seelenbereiches über viele Leben entwickeln. In diesem Modell würde sichtbar, in welchen Seelenbereichen wir uns selbst nur eingeschränkt oder gar nicht zum Ausdruck bringen können. Es wäre erkennbar, dass wir in vielen Lebensbereichen uns selbst nicht mehr wahrnehmen können und nur noch die Summe aus Meinungen (Manipulation), Erziehung, Prägungen, Reaktion auf Traumas und Opfer von Besetzungen sind.

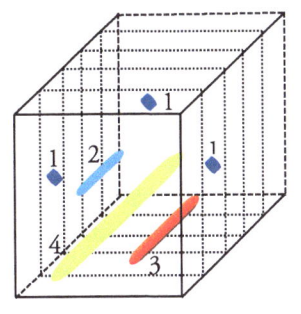

1 = Trauma in einem Leben
2 = Trauma in mehreren Leben
3 = Besetzung
4 = für uns in dieser Realität
     nicht zugängliche Ebene

Die wahre Dynamik von Traumas und Besetzungen mit ihren unterschiedlichen Wirkungen auf unsere Leben kann in einer Grafik nicht dargestellt werden. Ein Sterbetrauma oder eine Besetzung muss nicht in jedem Leben den gleichen Einfluss entfalten. Sie können sich jedoch durch gegenseitige Resonanz mit einem in diesem Leben entstandenem Trauma potenzieren.

Ein letzter Seelenbereich bleibt aufgrund des besonderen Schutzes frei von all den zuvor geschilderten Überlagerungen. Der Schutz besteht, weil dieser Bereich der Raum ist, in dem unsere Seele ihre Identität bewahrt. Aus diesem Bereich heraus kann sich unsere Seele durch Träume, außersinnliche Wahrnehmungen oder Gefühlen unserem Bewusstsein mitteilen und uns die notwendigen Hinweise geben, damit wir die Überlagerungen erkennen und auflösen können, wenn wir es wollen.

Würde das Geheimnis des Zugangs zu diesem Seelenbereich offenbart, wäre unsere Seele allen Einflüssen schutzlos ausgeliefert. Unsere Seele als Trägerin all unserer Eigenschaften wie Verstand, Bewusstsein, Ego, ICH und unserer Fähigkeiten würde als eigenständig fühlendes und lebendes Wesen aufhören zu existieren. Wir wären nur noch fremdbestimmt. Es ist zu unserem eigenen Schutz, weil sogar wir selbst mit unserem viel zu oft viel zu dominanten Ego unsere Seele gefährden würden. Nicht alles, was wir meinen, es ist gut für uns, ist auch gut für unsere Seele. Vor allem, weil manche Wesen, die uns fremdbesetzen, Interesse an diesem Refugium unserer Seele haben.

Dieser „geheime" Seelenbereich ist tatsächlich ein sehr hochschwingender Seelenbereich. Dass wir ihn haben, ist für uns gleichzeitig Hoffnung und Chance. Wenn wir lernen, mit diesem Seelenbereich zusammen zu arbeiten, können wir uns Schritt für Schritt von allem befreien, was unserer Seele anhaftet, sie belastet oder überlagert. Aus diesem unbelasteten Seelenanteil kommen die notwendigen Hinweise und Informationen, die für die Traumaarbeit benötigt werden.

3.8. Das Rad der Wiedergeburten

Nach dem christlichen Glauben geht die Seele eines Verstorbenen nach dem Jüngsten Gericht ins Paradies oder in die Hölle ein, nach dem buddhistischen Glauben verbleibt sie im Rad der Wiedergeburten. Die Wiedergeburt beschreibt den Vorgang, nach dem eine Seele nach dem körperlichen Tod nicht ins Licht geht, sondern in ein neues Leben eintaucht.

Beides ist fast richtig, nur nicht ganz vollständig. Stellen wir uns einmal das Rad der Wiedergeburten wie folgt vor:

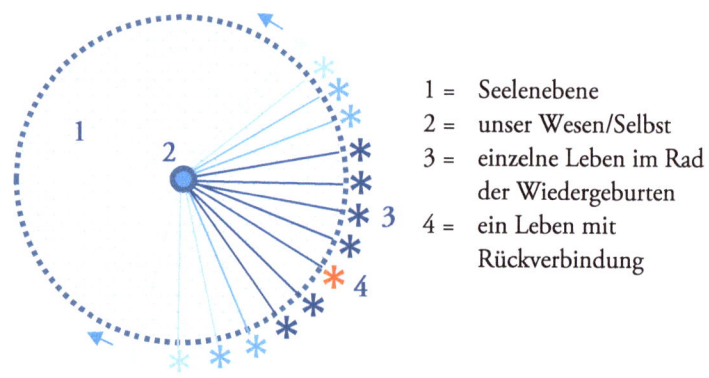

1 = Seelenebene
2 = unser Wesen/Selbst
3 = einzelne Leben im Rad der Wiedergeburten
4 = ein Leben mit Rückverbindung

In diesem Beispiel sei jedes Sternchen ein Leben. Die Radnabe unser zeitloses Wesen, das Radinnere der Bereich unserer Seele. Gehen wir weiter davon aus, dass unsere Seele unsterblich ist. Und gehen wir davon aus, dass Zeit und Raum für sie keine Rolle spielt, dass sie mit jedem Leben zu jeder Zeit und an jedem Ort verbunden ist. Dann finden für unsere Seele alle Leben gleichzeitig statt.

Wenn wir zu unseren Fähigkeiten Hellsehen und Hellfühlen einen bewussten Zugang haben, können wir uns mit unserer

Seele rückverbinden und erhalten über sie die Informationen, um Traumas in diesem und in anderen Leben aufzulösen.

Nur für unser Ego im jeweiligen Leben im äußeren Bereich des Rades ist die Zeit linear. Ein Leben läuft nach dem anderen ab. Für unser Ego ist die Realität im äußeren Bereich gültig. Es hat Zeit und Raum und definiert sich im linearen Ablauf der Geschehnisse. Dadurch wird es individuell. Genau diese individuelle Beschränktheit auf Zeit und Raum ermöglicht die Abgrenzung zu allen anderen Leben und lässt uns so Individualität in all ihren Facetten erfahren.

Der Nachteil ist, dass wir mit unserem Ego unsere erweiterten Fähigkeiten nicht erfahren können. Dazu müssen wir lernen, uns von unserem Ego zu differenzieren. Es als einen Teil von uns zu begreifen, damit wir auch unsere anderen Eigenschaften bewusst erfahren können.

Die Konsequenz aus dieser Selbst-Entwicklung ist in Wahrheit ein Gewinn. Unser Ego verliert seine Dominanz, dafür gewinnen wir unser Wesen, das gleichberechtigt alle unsere Fähigkeiten und Eigenschaften mit einschließt, auch die unseres Egos.

Irgendwann, in irgendeinem Leben, kommen wir an den Punkt, an dem wir Sättigung erfahren. Wo wir sprichwörtlich satt damit sind, noch weitere Erfahrungen des „getrennt seins" zu machen. Aus dem Wunsch, wieder ins Paradies zu gelangen, wird dann Hoffnung. Wenn durch Religionen, besondere Erfahrungen oder andere – nennen wir sie Initiatoren, die Gewissheit dazu kommt, dass es Gott wirklich gibt, entsteht Glaube. Und der Glaube an Gott ist eine starke Unterstützung dabei, das Rad der Wiedergeburten zu verlassen.

Zum „fast" richtig des christlichen Glaubens – wir sind in der Hölle. Was kann es denn Schlimmeres geben als Kriege, Hunger usw., also das, was wir jeden Tag erfahren und das, was Menschen fähig sind, sich gegenseitig anzutun?

Und zum „fast" richtig des buddhistischen Glaubens – solange wir nur unser Ego kennen, und meinen wir sind unser Ego, solange können wir die Unsterblichkeit unserer Seele nicht verstehen. Unser Ego aber entscheidet sich für das, was es kennt, das Leben in dieser Realität auf der Erde.

Und zu den vielen anderen Göttern, die die Menschheit im Laufe ihrer Entwicklung gefunden oder besser: Erfunden hat. Ja, es gibt sie. Wenn eine spirituelle Seele in ihrer ganzen Pracht erscheint, können wir leicht glauben, dass wir einem Gott oder einer Göttin begegnen. Wir vergessen dann ganz leicht, dass in unserem Inneren auch ein spirituelles Wesen wohnt und darauf wartet, von uns entdeckt zu werden.

Aus der Erkenntnis des zuvor Geschilderten können wir das Thema des Kapitels, das Rad der Wiedergeburten, abschließen. Wenn wir während dem Sterbevorgang unseren Fokus auf unsere Fehler richten, wenn wir also dem „schlechten Gewissen" unseres Egos folgen, bleiben wir in der Situation gefangen. Das Rad der Wiedergeburten kann sich fortsetzen.

Nun ist es so, dass kein Mensch fehlerfrei ist. Wir bewegen uns im Spannungsfeld der unterschiedlichen Pole der Dualität. Dabei lernen wir uns selbst kennen. Indem wir Fehler begehen, lernen wir, was gut und richtig ist. Wenn wir uns für das Licht entscheiden, können wir auch ins Licht gehen. Wir brauchen die Wiedergeburten nicht länger zu wiederholen.

3.9. Bewusstsein verstehen

Unser Bewusstsein funktioniert wie eine Empfangsantenne. Es empfängt die Signale unseres Körpers und kann auch die Signale unseres Unterbewusstseins empfangen. Es muss sie nur verstehen lernen. Wenn wir bewusst eine Blume anschauen, ist unser Bewusstsein im Bereich unserer Augen, wenn wir Musik hören, im Bereich unserer Ohren, und wenn wir über etwas nachdenken, im Bereich unseres Verstandes. Ein Wechsel der Aufmerksamkeit findet so schnell statt, dass wir meinen, wir tun alles gleichzeitig. Dem ist aber nicht so. Wir können mit unserer Aufmerksamkeit so schnell in einen anderen Bereich wechseln, dass es zeitlich wie gleichzeitig erscheint. Das mag jetzt schwer sein nachzuvollziehen. Wenn wir unsere Aufmerksamkeit nicht beim Gehör haben, heißt das nicht, dass wir dann nicht hören. Wenn wir in Gedanken verloren sind, heißt das nicht, dass unsere Augen nicht sehen. Unsere Biologie funktioniert, auch wenn wir mit unserer Aufmerksamkeit nicht bei ihr sind.

Am deutlichsten werden die Abläufe im Straßenverkehr. Wenn wir Autofahren, sind wir mit unseren Augen beim Straßenverkehr und unser Bewusstsein bei unseren Augen. Wenn wir dann eine Sirene hören, wechselt unser Bewusstsein zu den Ohren und stellt durch die bewusste Wahrnehmung sehr schnell fest, aus welcher Richtung das Sirenengeräusch kommt und mit noch etwas mehr Aufmerksamkeit, ob sich das Geräusch entfernt oder auf uns zukommt.

Die Geräuschinformationen gehen zu unserem Verstand. Im Hintergrund starten die Vergleiche mit der Sirene und bereits gespeicherten Geräuschen. Das Hören der Geräusche, der Vergleich mit schon einmal gehörten ähnlichen Geräuschen und Situationen, die Auswertung des Bildmaterials unserer Augen, die schon zwischen vorausschauen zum Straßenverkehr und beobachten der Seiten- und des Rückspiegels versuchen, weitere Informationen zu erhalten, geschieht so schnell, dass es auf uns wie gleichzeitig wirkt. Aus biologischer Sicht trifft dies auch zu. Alle Geräusche und Bilder fließen zu unserem Verstand zur Auswertung. Unser Bewusstsein richtet seinen Fokus während der ganzen Zeit in hoher Geschwindigkeit abwechselnd auf Augen, Ohren und Verstand.

Das wir 5 Minuten zuvor noch daran gedacht haben, dass wir Durst haben, bald auf die Toilette müssen und noch den Einkauf zu erledigen haben, ist gerade nicht relevant und daher auch nicht im Fokus unserer Beobachtung. Wichtig sind gerade nur die Sirenengeräusche. Unser Verstand hat inzwischen ermittelt, dass die Sirenengeräusche näherkommen. Unsere Aufmerksamkeit geht nun verstärkt zu den Augen, das bedeutet, sie ist länger bei den Augen. Die sehen Warnlicht durch den Rückspiegel. Unser Verstand sagt uns, dass wir Platz machen müssen. Die Entscheidung dazu fällt unser ICH und lässt die Augen nach einer geeigneten Stelle suchen.

Wozu diese Ausführung? Sie soll klarmachen, dass unser Bewusstsein eine eigenständige Fähigkeit ist, die so schnell sein kann, dass sich der lineare Ablauf unserer Wahrnehmung entzieht und sich für uns wie eine einzige Wahrnehmung darstellt. Dort, wo wir unsere Aufmerksamkeit hinlenken, ist unsere bewusste Wahrnehmung. Auch wenn der jeweilige Ablauf noch so schnell ist und die unterschiedlichen Wahrnehmungen wie eine einzige Wahrnehmung erscheinen, haben wir bewusst immer nur eine Wahrnehmungsquelle im Fokus. Die Wahrnehmungsebenen schließen sich wie folgt auf:

Stufe 1: Vordergrund   **fixer Fokus**

Stufe 2: Hintergrund

Stufe 3: nicht bewusste Wahrnehmung

In dem Beispiel zuvor waren die Sirene und der Straßenverkehr in unserem Fokus, die Musik aus dem Autoradio im Hintergrund und unser Bedürfnis, auf die Toilette zu gehen, eine nicht bewusste Wahrnehmung.

Auf der unterbewussten Ebene werden alle Informationen aus unseren Gefühlen und unseren Sinnen wahrgenommen. Unsere Organe funktionieren immer, auch während Ruhephasen und beim Schlafen. Ein Filter auf unserer unterbewussten Ebene entscheidet, welcher Sinneseindruck so intensiv wird, dass das Hintergrundgeräusch wie Radiomusik von Stufe 2 auf Stufe 1 gehoben wird, oder nur Stufe 1 die Sirene eines Krankenwagens wahrgenommen wird. Den Filter haben wir zuvor „angelegt", indem wir die Wichtigkeit von Geräuschen gedanklich festgelegt haben.

Für uns ist das alles höchst selbstverständlich. Es ist so selbstverständlich, weil wir es von Geburt an gar nicht anders kennen. Deshalb bemerken wir nicht, was im Hintergrund ohne unsere bewusste Wahrnehmung alles abläuft, um unser tägliches Leben überhaupt zu ermöglichen. Wir sind bei dieser Betrachtung ja noch an der Oberfläche unserer Beobachtung. Was steuert z. B. die Biologie unserer hoch komplizierten Darmfunktion oder die Muskeltätigkeit unserer Arme, während wir in dem zuvor beschriebenen Straßenverkehr Platz für den Krankenwagen machen? Diese Körperfunktionen entziehen sich unserer bewussten Wahrnehmung. Das bedeutet, sie liegen im Bereich unseres Unterbewusstseins und damit im Bereich unserer Seele.

Die Erkenntnis aus dem zuvor beschriebenen Vorgang ist, dass wir normalerweise mit unserem Bewusstsein nur an der Oberfläche unserer Wahrnehmung bleiben. Wir richten unseren Fokus auf unsere Augen, Verstand, körperliche Aktionen, Ohren oder, wenn gerade ein Gefühl stark wird, z. B. Wut über das

Fahrverhalten eines anderen Verkehrsteilnehmers, auch auf unsere Emotionen. Wir sind damit voll und ganz beschäftigt.

Die Frage ist, ob wir unser Bewusstsein auch in die umgekehrte Richtung, also in Richtung unseres Unterbewusstseins und damit in Richtung unserer Seele fokussieren können. Ja, wir können. Unser Bewusstsein ist wie unser Verstand oder die Wahrnehmung unserer fünf Sinne eine Eigenschaft unserer Seele. Unser Bewusstsein ist neutral, es bewertet nicht, es nimmt ausschließlich wahr. Und es ist darauf von Geburt an trainiert, den Fokus auf Stufe 1 (Vordergrund) zu halten. Sie kennen das doch auch, ein Baby, dem eine farbige Plastikrassel mit einem „Eideidei" vor die Nase gehalten wird. Vielleicht müssen Sie jetzt bei dem Bild, das vor Ihrem inneren Auge entstanden ist, lachen. Es ist ein schönes Bild, wie ein Baby dazu gebracht wird, seine Aufmerksamkeit ins Äußere zu lenken und dadurch lernt, seinen Fokus auf etwas ganz Bestimmtes zu richten. Dass das auch dem Baby Spaß macht, zeigt es durch sein aufgeregtes Strampeln.

Vielleicht können Sie sich auch noch an ihre Grundschulzeit erinnern, wenn Sie nachmittags an Ihren Schulaufgaben gesessen sind, die Gedanken und Fantasien immer wieder abschweiften und Sie sich dann selbst immer wieder zur Räson rufen mussten. Sie lernten dadurch, Ihren Fokus auf etwas Bestimmtes zu richten, die Hausaufgaben. Je schneller die fertig wurden, desto schneller konnten Sie nach draußen spielen gehen. Irgendwann waren Sie damit so gut trainiert, dass Ihr Fokus ständig im Bereich Vordergrund, also der vordergründigen Wahrnehmung blieb, nur noch selten in den Bereich Hintergrund abschweifte und gar nicht mehr in den Bereich der nicht bewussten Wahrnehmung. Nur weil wir keine Wahrnehmung mehr für unser Unterbewusstsein haben, bedeutet das nicht, dass wir es nicht wahrnehmen könnten, wenn wir wollten.

Wenn wir unser ständiges Training des Fokussierens in den Vordergrund auf die unterbewusste Ebene erweitern, ist dies möglich. Es ist nicht einfach, in unserer modernen Konsum-, Kommunikations-, und Informationsgesellschaft alles scheinbar Wichtige auszuklammern und nur noch das scheinbar Unwichtige zuzulassen. Ein Baby hat es da ein bisschen einfacher. Es hört zwar die Sprache, es versteht sie noch nicht, es hört das Radio, kann aber mit den Geräuschen daraus noch wenig anfangen. Daher liegt die bewusste Wahrnehmung noch flexibel zwischen Stufe 1, 2 und 3. Durch Übung und Meditation können wir genau diese Fähigkeit wieder erlernen, unseren Fokus flexibel und kontrollierbar zu halten zwischen:

Vordergrund, Hintergrund und Unterbewusstsein.

Es liegt im Bereich unserer Fähigkeiten, den Vordergrund und den Hintergrund auszublenden, damit die Informationen aus dem Unterbewusstsein wahrgenommen werden können. Die exakte Aussage dazu ist, dass wenn wir es wieder gelernt haben, unseren Fokus auf die nicht bewusste Wahrnehmung zu richten, der Vordergrund und der Hintergrund von selbst ausgeblendet werden. Dies liegt in der Natur unseres bewussten Fokus. Andernfalls wäre es ja kein Fokus, sondern ein „Weitwinkel". Der dabei entstehende Informationsfluss würde unser Bewusstsein überfordern, weil unser Verstand mit der Verarbeitung nicht mehr hinterherkäme. Die Geschwindigkeit, mit der wir unseren Fokus innerhalb der vordergründigen Wahrnehmung wechseln können, ist beim Wechsel zwischen den Wahrnehmungsebenen die Gleiche.

Stufe 1: Vordergrund

Stufe 2: Hintergrund   **variabler Fokus**

Stufe 3: nicht bewusste Wahrnehmung

Das wäre dann die Bewusstseinserweiterung auf alle Wahrnehmungsebenen. Was man dazu braucht, ist der Glaube an die eigenen Fähigkeiten und Geduld. Geduld, um zu lernen, was noch Hintergrund ist und was schon unterbewusste Wahrnehmung, sei diese nun in Form von Bildern, Gedanken, Emotionen oder Wissen. Und zur Wiederholung: Das schöne dabei ist, das Umschalten von Vordergrund auf die nicht bewusste Wahrnehmung funktioniert so schnell, wie das Umschalten der Wahrnehmung z. B. von den Augen auf die Ohren.

Unsere Seele wird es uns danken, wenn wir bereit sind, wieder mit ihr in Kontakt zu gehen, wie wir es als Baby schon einmal waren. Ab dem Punkt, ab dem uns unsere Seele wieder mitteilen kann, ob und wo uns noch erlittene Trauma aus diesem oder anderen Leben belasten, ab da kann wahre Heilung in unsere Leben kommen. Viele Krankheiten, die wir mit uns herumtragen, wären erst gar nicht entstanden, wenn wir rechtzeitig auf der unterbewussten Ebene nach den Ursachen, den auslösenden traumatischen Ereignissen, gesucht hätten.

3.10. Schutz unserer Seele

Der beste Schutz für unsere Seele ist der Glaube an ihre Unsterblichkeit und das Wissen um ihre Verletzlichkeit. Für unsere Seele sind wir selbst verantwortlich. Alles, was ihr schadet, schadet uns am Ende selbst. Es gibt jedoch eine Instanz, die jederzeit für uns da ist und uns hilft, wenn wir Hilfe benötigen. Es sind unsere Begleiter aus der spirituellen Welt. Ob wir sie als Engel verstehen oder als Wesen, die uns in ihrer Entwicklung voraus sind, bleibt unserem individuellen Glauben überlassen.

Wenn wir unsere Freunde aus der spirituellen Welt um Hilfe und Schutz anrufen, egal in welcher Situation wir uns gerade befinden, kann es sein, dass wir die Art und Weise der Hilfe nicht immer verstehen. Oft erschließt sich uns die Sinnhaftigkeit erst nach Jahren. Der Grund liegt u. a. darin, dass die Hilfe, die unser Ego gerne hätte, nicht zwingend die Hilfe ist, die unsere Seele braucht. Ein weiterer Grund ist, dass wir zur Hilfe auch unseren eigenen Anteil beitragen müssen. Der Sinn unseres Lebens ist zu lernen. Wenn uns alles abgenommen würde, würden wir in Lethargie verfallen und unsere Entwicklung stagnieren.

Durch die Bereitschaft, selbst etwas für uns zu tun, besteht die Chance, dass Hilfe fruchtet. Wenn wir also wirkliche Hilfe benötigen, können wir unseren spirituellen Vater und unsere spirituellen Freunde jederzeit darum bitten, genauso wie wir uns bedanken können, wenn es uns gut geht. Die Hilfe, die kommt, ist für unsere Seele. Sie kann die reale Welt miteinschließen, sie muss es aber nicht.

An dieser Stelle sei ein Hinweis erlaubt. Die vielfach genutzten Öle, Duftkerzen, Räucherwaren, Steine, Schmuck und was es sonst noch auf dem esoterischen Markt gibt, können unterstützen, mehr nicht. Sie haben keine spirituelle Wirkung, eher eine manipulative. Spirituelle Wirkung, wie die Heilung einer

Verletzung durch eine Besetzung, können nur spirituelle Wesen entfalten. Alles andere schwingt zu nieder und dient eher unserem Ego als unserer Entwicklung. Das bedeutet nicht, dass wir diese Dinge nicht nutzen sollen. Manchmal können wir damit unserem Ego sogar eine Freude bereiten und es damit ein bisschen „ruhigstellen".

4. Leid als Ausdruck verletzter Integrität

Unsere Seele leidet, wenn sie den ihr zustehenden Raum nicht einnehmen kann, wenn ihre Integrität verletzt wird. Sie leidet lange, bevor wir es merken. Bis Seelenleid in unsere bewusste Wahrnehmung tritt, ist die Verletzung schon geschehen.

Die Ursachen für Krankheiten wie Krebs können in früheren Leben liegen, die Ursachen für materielles Leid im zu geringen Lohn, die Ursachen für politisches Desinteresse oder geringe Bereitschaft an freier Meinungsäußerung an politischen Systemen, die dies nicht zulassen.

Es gibt viele Quellen des Leides und alle haben eines gemeinsam, sie reduzieren den Ausdruck unserer Seele. Als Konsequenz integrieren wir uns in unser soziales Umfeld oder in politische Systeme, ohne uns noch selbst einzubringen. Zum besseren Verständnis müssen wir zwischen dem Leid, welches wir durch eigene Beteiligung selbst initiieren, und Leid, das durch äußere Umstände induziert wird, differenzieren.

4.1. Selbst verschuldetes Leid

Selbst verschuldetes Leid ist Leid, das durch die eigene Handlung erzeugt oder ermöglicht wird. Hier gilt es zwischen der gesetzlichen Regelung der Opfer- bzw. Täterrolle und der Beteiligung auch des Opfers aus spiritueller Sicht zu unterscheiden. Beispielsweise ist die rechtliche Beurteilung einer Missbrauchssituation richtigerweise subjektiv, weil diese an der eigentlichen Handlung ansetzt. Die Betrachtung aus spiritueller Sicht ist richtigerweise objektiv, weil sie die Begleitumstände mit einschließt.

Dies müssen wir bei der spirituellen Arbeit lernen. Selbst als Opfer sind wir immer ein Stück weit Täter, sei es, weil wir uns entschieden haben, Soldat zu werden, in den Krieg zu ziehen und dort getötet werden, oder als Frau im engen Jogginganzug trotz besseren Wissens während der Dämmerung durch den Wald liefen und dort vergewaltigt wurden. Die spirituelle Arbeit setzt vor der eigentlichen Auslösesituation an, weil nur so Verständnis für beide Seiten erreicht werden kann. Verständnis wiederum ist die Voraussetzung für Verzeihen. Und nur durch gegenseitiges Verständnis und Verzeihen kann sich ein Trauma auflösen.

Solange wir Schuld bei anderen suchen, finden wir sie nicht bei uns selbst.

52

4.2. Induziertes Leid

Induziertes Leid ist systemisches Leid, das einzelne oder viele Menschen betreffen kann und durch die gesellschaftlichen Regeln oder systemischen Besonderheiten von Gruppenzusammenschlüssen wie Vereine, Firmen oder Staaten, bei einem, mehreren oder vielen Individuen induziert (angeregt) werden kann. Weil die Bedeutung und Wirkung von induziertem Leid auf unsere Seele wenig beachtet wird, sei an dieser Stelle näher auf das von Menschen verursachte Leid eingegangen. Durch Naturkatastrophen verursachtes induziertes Leid wird nicht in die Betrachtung einbezogen, da dieses normalerweise regional und durch die Solidarisierungsreaktion nicht langfristig wirksam ist.

Bleiben wir wegen der besseren Erklärbarkeit beim Beispiel von Staaten. Für Leid im Gegensatz zu Trauma spielt es weniger eine Rolle, in welchem Land wir leben, weil alle Staaten dieser Erde mehr oder weniger ein Diktat ausüben, das Diktat, wie die Menschen in ihrem Staatssystem zu leben haben. Im Grunde geht es auch nicht anders, weil Gesetze notwendig sind, um das Miteinander zu regeln.

Gesetze, die das Miteinander regeln, damit dieses fair und gleichberechtigt ablaufen kann, verletzen unsere Seele nicht. Als soziale Wesen integrieren wir uns gerne in ein soziales Umfeld, solange wir gerecht behandelt werden.

Wenn sich aber, wie z. B. in diktatorischen Systemen, ein ganzer Staat nach einer Person ausrichten muss, oder in kapitalistisch orientierten Staaten nach den Forderungen des Kapitals, überwiegen für viele Menschen die Nachteile. Als Nachteile sind an dieser Stelle Einschränkungen der Freiheit und/oder Einschränkung des Wohlstandes gemeint.

Diese Entwicklung läuft mehr oder weniger Hand in Hand in den meisten Staaten dieser Erde. Unter dem Vorwand der Terrorismusbekämpfung wurden Bürgern in den letzten Jahren Rechte genommen, die noch vor 30 Jahren als Errungenschaften der Demokratie galten. In den heutigen Demokratien können Bürger durch die Digitalisierung ausspioniert werden, wie es keinem noch so totalitären Staat jemals möglich war.

Der technische Fortschritt und die Globalisierung verstärken den Effekt der Einschränkung der Bürgerrechte, die Kapitalisierung und Fusionierung zu immer größeren Unternehmenseinheiten mit deren Zwang zur Gewinnmaximierung erhöhen den Druck auf die Allgemeinheit. Eine nicht öffentlich diskutierte kritische Entwicklung ist die Asylpolitik einiger Länder. Die wirklich betroffenen Bürger werden nicht gefragt, es wird einfach gehandelt. Ist das gelebte Demokratie?

Durch den Anpassungsdruck wird der Raum, den die Seele für ihre Entwicklung einnehmen kann, bei vielen immer kleiner. Dies alles erhört den Leidensdruck auf unsere Seele, mit der Folge, dass wir nachgeben, den uns eigentlich zustehenden Raum frei geben. Es ist wie mit einem Hund, der sich im Arm verbissen hat. Wir reißen unseren Arm nicht aus dem Maul des Hundes, um die Wunde nicht noch weiter zu vergrößern. Wir versuchen, den Arm so lange wie möglich ruhig zu halten und uns auf andere Weise zu befreien, um den Schmerz durch den Biss nicht noch mehr zu vergrößern.

Konkret nehmen wir uns zurück und machen uns „klein", um den Druck, der auf uns ausgeübt wird, besser standzuhalten und den zusätzlichen Leidensdruck zumindest etwas zu kompensieren. Weitere Beispiele sind ständige, teilweise versteckte Drohungen über den Verlust von Arbeitsplätzen und deren Verlagerung ins Ausland, die Verteuerung der Lebenshaltungskosten, während die Reallöhne gleichbleiben, oder die Einschränkung der individuellen Freiheit durch die technischen Möglichkeiten der Nachrichtentechnik. Wer kann sich heute noch sicher sein, dass sein Computer nicht angezapft ist?

Je mehr Druck ausgeübt wird, desto stärker versucht ein menschliches Wesen mit einer sozialen Grundeinstellung, sich durch Reduzierung anzupassen. Wir nehmen den Druck, der auf uns ausgeübt wird, hin. Weil es alle tun und wir es daher als normal betrachten.

Die Menschheit konnte sich nur entwickeln und überleben, weil sie sozial eingestellt ist, d. h. Schwachen hilft oder Kinder auch unter Zurücknahme eigener Bedürfnisse notfalls unter widrigsten Umständen großzieht, oder durch Arbeit bereit ist, einen eigenen Anteil am Sozialgefüge des eigenen Landes zu leisten. Die Fähigkeit und Bereitschaft zur Integration der eigenen Individualität in eine Gruppe hat das Überleben der Menschheit überhaupt erst ermöglicht. Und genau diese Fähigkeit wird zu einer Schwäche, wenn sie von entgegengesetzten Kräften ausgenutzt wird.

Induziertes Leid kann sehr subtil wirken. Es wird beispielsweise schon durch die mediale Meinungsbildung angeregt, wenn diese nicht unsere Meinung widerspiegelt. Wir finden uns dann genötigt, der vermeintlich opportunen Vorgabe durch die Medien zu folgen, auch wenn dies nicht unserem eigenen Interesse entspricht. Auslöser ist unser Instinktverhalten des Herdentriebes.

Es ist manchmal schon schwierig, den richtigen Weg für uns selbst zu finden. Folgen wir, ohne groß nachzudenken, unserem Herdentrieb, unserer Erziehung oder den gesellschaftlichen Regeln? Oder versuchen wir doch besser, herauszufinden, welcher Weg für unsere Entwicklung am besten ist.

4.3. Kollektive Erfahrungen

Im Gegensatz zu unserer individuellen Erfahrung in vielen Leben gibt es auch die kollektive Erfahrung innerhalb einer Familie, einer Region und Zusammenschlüssen von Regionen zu Staaten, die dann wiederum spezielle Erfahrungen, Entwicklungen und Prägungen zulassen. Kollektive Erfahrungen werden von vielen Menschen gemeinsam erlebt, und dadurch auf die folgende Generation durch Weitergabe vermittelt. Kollektive Erfahrungen sind über lange Zeiträume in vielen Menschen verankert. Die ursprünglich traumatischen Erfahrungen vieler Menschen, wie die Pest oder die Weltkriege, bleiben in unserem kollektiven Unterbewusstsein als Wissen bestehen.

Lassen wir die kollektiven Erfahrungen von Kriegen außer Acht. Nehmen wir als Beispiel kollektive Erfahrungen, die so selbstverständlich in uns verankert sind, dass wir ihre Bedeutung gar nicht mehr wahrnehmen. Dies lässt sich sehr gut am kollektiven Nationalbewusstsein verdeutlicht. Nehmen wir als Beispiel die Länder Frankreich, Schweiz und Deutschland. Die kollektive Erfahrung des französischen Volkes ist eine andere, wie die des Deutschen - oder des Schweizer Volkes.

Frankreich hat sich aus eigener Kraft von der politischen Macht der Aristokratie befreit, in Deutschland war dies nur durch den verlorenen I. Weltkrieg möglich. Die Schweizer hatten nie eine politisch starke Aristokratie zugelassen.

Wenn man die kollektive Erfahrung der Franzosen stark vereinfachen würde, könnte man sie als „Freiheitsliebend" beschreiben, die für die Schweizer als „Demokratisch" und die für die Deutschen als „Unterordnend". Unterordnend ist an dieser Stelle nicht negativ gemeint, sondern die Fähigkeit eines Kollektivs beschrieben, ein gemeinsames Ziel zu verfolgen. Diese Fähigkeit lässt sich natürlich besonders leicht benutzen und ausnutzen, im schlechten Fall für destruktive Ziele. Aus dieser Erkenntnis erwachsen für Kollektive besondere Verantwortungen, weil sie bei gemeinsamer Vorgehensweise eine starke Wirkung entfalten können.

Die Schweiz ist das fortschrittlichste Land in Bezug auf Demokratie. Sie hat die direkte Demokratie durch Volksentscheide. Sie hat die Gleichberechtigung und neben vielen anderen Errungenschaften auch eine Bürgerversicherung. Die sieben Regierungsmitglieder sind Gleiche unter Gleichen. Es gibt keinen Vorsitzenden mit Richtlinienkompetenz oder Weisungsbefugnis wie in anderen Regierungen. Wenn man bedenkt, dass Macht für unsere Seele, jedoch nicht zwingend für unser Ego, eine Last ist, sie uns leicht korrumpiert und kein Mensch vollkommen ist, ist die Schweizer Demokratie zusammen mit ihrer Neutralität im Weltvergleich vorbildlich.

Die Schweiz könnte als Blaupause dienen für alle Länder, in denen eine Person Schicksalsentscheide fällen kann, die das ganze Volk betreffen. Wenn wir die Schweizer Demokratie als Maßstab setzen, sind alle anderen Demokratien mehr oder weniger Scheindemokratien.

Eine der kollektiven Erfahrungen der Schweizer ist es, ihre demokratischen Errungenschaften gegen die Einflüsse anderer Nationen, Institutionen und Konzerne seit über 170 Jahren zu bewahren.

4.4. Kollektive Erfahrung: Globalisierung

Globalisierung macht dann Sinn, wenn sie den Menschen Nutzen bringt, und keine neuen Bedrohungen. Ein Nutzen wäre es, wenn weltweit der Frieden gefördert würde, oder die Identität von Nationen und die Individualität der Menschen, die darin leben, als etwas Besonderes behandelt würden, als eine Stärke, die es verdient, gepflegt und erhalten zu werden. Weiterhin wäre es sinnvoll, wenn jede Nation in der Lage wäre, die Grundversorgung selbst sicher zu stellen und die klassischen Hoheitsrechte weder an künstliche Gebilde wie zum Beispiel die EU oder an privatrechtliche Unternehmen abgegeben werden müssten. Es geschieht jedoch das genaue Gegenteil.

Befürworter der Globalisierung sollten akzeptieren, dass wir alle Individuen sind, die ihre besonderen Merkmale und Fähigkeiten haben, durch die jeder einzigartig wird. Das Gleichmachen der links-extremen Politik funktioniert genauso wenig wie die Gleichschaltung der rechts-extremen Politik. Menschen ihre Individualität zu nehmen für nicht wesentliche Vorteile, ist eine starke Verletzung ihrer Integrität. Verletzung von Integrität hat Solidarisierung zur Folge, die eine gestaffelte Abwehr auslöst. Diese beginnt mit der Veränderung des Wählerverhaltens und kann im offenen Widerstand enden.

Aus den kollektiven und individuellen Erfahrungen eines jeden Landes dieser Erde ergibt sich eine Konsequenz. Es kann keine Globalisierung in Form von Vereinheitlichung geben. Diese würde niemals dauerhaft funktionieren. Die bisherige Form der Globalisierung nimmt uns unsere persönliche Individualität und die Identität unserer Länder. Eine Globalisierung kann nur funktionieren, wenn sie ausschließlich auf den gemeinsamen Interessen aller Beteiligten beruht.

Unter dem Deckmantel von Freizügigkeit (Länder ohne Grenzen), günstigeren Preisen und der Schaffung von Arbeitsplätzen wird den Völkern die Entrechtung ihrer Staaten und die Gleichschaltung der Bürger verkauft. Deren wesentlichen Bedürfnisse sind jedoch vorrangig Frieden, Freiheit, Sicherheit und Nachhaltigkeit, wie der Schutz und Erhalt der Natur und nicht der vermehrte Konsum durch günstigere Preise. Würden Sie freiwillig auf Ihre Meinungsfreiheit oder Sicherheit verzichten, wenn Sie sich im Gegenzug ein größeres Auto leisten könnten?

Eine Politik der Egalisierung von allem, was uns als Individuen ausmacht und unsere inneren Grenzen nicht respektiert, ist keine Politik für Menschen. Durch den Entzug ihrer Integrität lässt sie Menschen leiden.

Wenn uns dies bewusst wird, können wir auch leicht differenzieren, was an Globalisierung (Vereinheitlichung) für die Menschheit und deren Völker gut ist und was nicht.

Globalisierung ist gut, wenn sie den Bedürfnissen der Menschheit dient. Solange sie nur die Bedürfnisse des Kapitals und der internationalen Konzerne bedient, läuft die Entwicklung in eine falsche Richtung.

4.5. Kollektive Erfahrung: Kapitalismus

Kapitalismus ist nicht nur ein globales Wirtschaftssystem, sondern durch seine Machtentfaltung auch politisch stark wirksam. Stellvertretend für andere Systeme wird im Folgenden auf die Bedeutung politischer und wirtschaftlicher Systeme für unsere Seele eingegangen.

Kapitalismus ist eine Wirtschafts- und Gesellschaftsordnung mit in zunehmendem Maße politischem Einfluss. Während das Kapital im Feudalismus überwiegend in den Händen der Aristokratie lag, begann der Wandel im ausgehenden 18. Jh. hin zum Privateigentum der Produktionsmittel. Dieser Wandel ist ein fortschreitender Prozess, der immer noch andauert. Bereits 100 Jahre später waren typische staatliche Hoheitsrechte privatisiert oder teilprivatisiert. Die Bereiche sind Zentralbanken, Banken, Post, Versicherungen oder Bereiche aus der Infrastruktur wie Autobahnen oder Krankenhäuser. Gleichzeitig mit der zunehmenden Privatisierung geht der Trend in die Globalisierung. Ursprünglich national operierende Unternehmen weiten ihre Aktivitäten global aus und vergrößern ihre Marktmacht durch Fusionierung.

Die Studie der Universität Zürich aus dem Jahr 2011 „The network of global corporate control" hat ergeben, dass von 43.000 international operierenden Unternehmen durch komplizierte Überkreuzbeteiligungen am Ende nur 147 Konzerne ca. 40 % der wirtschaftlichen Kontrolle über alle untersuchten Unternehmen hatten. Eine weitere Aufschlüsselung dieser 147 Unternehmen war aufgrund nicht vorhandener Daten nicht möglich. Interessanterweise lag bei diesen der Anteil von Banken bei ca. 75 %. Die Zahlen sind nicht aktuell, mit ihnen soll lediglich ein Trend verdeutlicht werden.

Die Privatisierung wird in den meisten Gesellschaften ein echtes

Problem, weil zum einen den Völkern ihre Selbstbestimmung durch die Übertragung des Eigentums auf wenige Entscheider genommen wird und zum anderen die Vermehrung des Kapitals durch Arbeit nicht mehr dem jeweiligen Volk zufließt, sondern dem oder den Kapitalgebern. Ein gutes Beispiel hierfür ist die USA, wo es kein System der allgemeinen, d. h. staatlichen Krankenversorgung gibt, in der jeder Bürger versichert ist.

Die Privatisierung ist jedoch nicht das einzige Merkmal des Kapitalismus. Ein weiteres Merkmal ist die Notwendigkeit, Gewinn zu erzielen. Die Organisation der Unternehmen ist so gestaltet, dass die Eigentümer und das leitende Personal direkt am Gewinn partizipieren. Dadurch entwickelt sich eine Eigendynamik im gegenseitigen Interesse, die in der Regel nicht mit dem Interesse der anderen an den Unternehmen beteiligten korrespondiert, seien es nun die Arbeitnehmer, Lieferanten oder die Natur.

Der Gewinn und die Marktmacht sind das Leitmotiv. Eine Leistung wird nur erbracht, wenn (und weil) sie gewinnbringend ist. Im heutigen Kapitalismus sind die Merkmale kurzfristige Gewinnmaximierung, Freizügigkeit des Kapitals und das Streben nach Zentralisierung. Die langfristige Gewinnoptimierung, in die nicht nur die Wirtschaftlichkeit, sondern auch die Nachhaltigkeit mit in die Entscheidungsprozesse einfließen würde, ist nur im Rahmen bestehender Gesetze von Bedeutung. Produziert wird dort, wo es am günstigsten ist, auch und gerade, wenn dort keine oder nur wenige Regelungen bezüglich der Nachhaltigkeit (Mensch und Natur) bestehen.

Soweit die Analyse, nun zu den Folgen. Die Globalisierung unter dem dominanten Einfluss des Interesses von Kapital bedeutet eine Reduzierung der Vielfalt, also der Beschränkung der Möglichkeiten auf einige wenige Merkmale. Diese sind Zentralisierung des Machteinflusses in Politik und Wirtschaft durch politische und wirtschaftliche Fusionen, mit dem Endziel der globalen Steuerung. Was bei dieser Art der Globalisierung verloren geht, ist der Verlust der Identität von Ländern und der Individualität der Menschen. Wo immer möglich, wird gleichgeschaltet. Von der Gleichschaltung sind alle Lebensbereiche betroffen, wie die Politik, Technik, Recht, Arbeitsweisen, Mode und Ernährung, um nur einige zu nennen.

Alles, was ehemals unter dem Begriff „Völker, Sitten und Gebräuche" verstanden wurde, wird egalisiert. Selbst Religionen treten immer mehr in den Hintergrund. Je mehr unterschiedliche Religionen durch größere Volksgruppen in einem Land vertreten sind, desto bedeutungsloser wird die historisch gewachsene Hauptreligion. Die über Jahrtausende erworbenen kulturellen Errungenschaften einzelner Völker und die Einzigartigkeit, die jedes Volk hat, wird dem Interesse der Machtkonzentration und der Gewinnmaximierung geopfert. So werden fast alle Länder auf wenige Bereiche, in denen sie ihr Bruttoinlandsprodukt erzeugen können, reduziert. Nur wenige Länder sind noch in der Lage, ihre Grundbedarfe aus eigener Produktion zu decken.

Das hat Abhängigkeiten zur Folge, von der Nutzung einer Leitwährung bis hin zum Zwang des Beitritts in Wirtschaftsräume, der auf lange Sicht immer verbunden ist mit dem Verlust der nationalen und individuellen Identität. Das Prekäre ist, die Menschen werden nicht danach gefragt, ob sie das wollen, diese Entwicklung wird mit dem Argument, dass es allen dadurch besser geht, einfach durchgesetzt. Wenn jedoch alleine die Interessen des Kapitals verfolgt werden, wird es der Menschheit langfristig keinesfalls besser gehen.

Die Zentralisierung bietet die Möglichkeit zur Optimierung von Prozessen, seien es nun politische Entscheidungsprozesse oder Produktionsprozesse. Bei Ersteren werden die Entscheidungsprozesse verkürzt, bei Letzteren kann dort produziert werden, wo es am günstigsten ist. In beiden Fällen werden vor allem Kosten reduziert, andererseits jedoch Risiken maximiert. Die Konsequenz ist, dass politische und wirtschaftliche Entscheidungskompetenz auf immer weniger Menschen konzentriert wird. Am Ende trägt die Menschheit die Risiken, während die Vorteile den Konzernen zufließen.

Dezentrale Strukturen, bei denen an vielen Standorten das Gleiche getan wird, sind zwar teurer, bieten dagegen jedoch mehr Sicherheit und, was wichtige Faktoren sind, regionale Besonderheiten im eigenen regionalen Umfeld werden eher berücksichtigt und die Macht und Verantwortung für die Versorgung der Menschen wird auf viele verteilt.

4.6. Durch Kapitalismus induziertes Leid

Was wir im 21. Jahrhundert global erleben, ist eine Konzentration der wirtschaftlichen und politischen Macht auf immer weniger Menschen bei gleichzeitiger Vermögensabwanderung von den ärmeren 82 % der Menschheit hin zu dem reichsten 1 %[1]. Dieses eine Prozent besitzt 50,1 % des weltweiten Privatvermögens[2]. Es ist abzusehen, dass sich das Verhältnis in Zukunft noch weiter verschlechtern wird. Dies ist möglich, weil die soziale Kompetenz von Menschen durch immer höheren Leidensdruck immer mehr missbraucht wird.

Die noch auf die Menschheit zukommende und sich bereits abzeichnende Robotisierung wird die Thematik weiter verschärfen. Unter dem Begriff Industrie 4.0 wird die Vollautomatisierung ganzer Industriebereiche einschließlich des Verkehrs angestrebt. Dadurch wird die Abhängigkeit von der menschlichen Arbeitskraft verringert. Wir steuern in absehbarer Zukunft auf eine Situation hin, in der immer weniger Menschen für die gleiche Arbeit benötigt werden. Dies wird einhergehen mit Arbeitsplatzverlusten und einer weiteren Verarmung vieler Menschen. Ein Ausweg wäre z. B. ein allgemeines Grundeinkommen, welches durch die Besteuerung von Robotern finanziert wird. Zur Realisierung müsste das „Kapital" auf die Gewinnmaximierung verzichten, was soziale Kompetenz der Entscheider voraussetzten würde.

Andernfalls würde der Leidensdruck für viele Menschen durch die schon zuvor geschilderten Umstände zu hoch, was Solidarisierung zur Folge hätte. Durch die Fähigkeit des Menschen, sich zu großen Gruppen zusammen zu schließen, um ein gemeinsames Interesse zu verfolgen, hat bisher noch jedes Machtgefüge ein Ende gefunden, egal ob es imperialistischer, feudalistischer, diktatorischer, sozialistischer oder kommunistischer Natur war. Aus dieser Sicht wird auch der Kapitalismus früher oder später seine Grenzen finden. Sei es durch den Kollaps der Natur oder dem Widerstand der Menschen.

Die folgenden Ausführungen erheben nicht den Anspruch auf wissenschaftliche Genauigkeit, sie dienen nur dem Zweck der Verdeutlichung der Situation:

Der moderne Kapitalismus trägt Züge jedes bisherigen Machtsystems. Die Kennzeichen von Imperialismus bis hin zum Kommunismus waren Unterdrückung, Ausbeutung, Religionsersatz und Freiheitsentzug. Die meisten Demokratien tragen durch ihr kapitalistisches Wirtschaftssystem ähnliche Züge, wenn man die politischen und wirtschaftlichen Merkmale in die Betrachtung mit einbezieht.

Politisch:
- Abhängigkeit der Politiker von der Wirtschaft
- das Volk steht nur in den Parteiprogrammen im Mittelpunkt
- die Realpolitik orientiert sich an der auf Gewinnmaximierung ausgerichteten Wirtschaft, soziale Aufgaben treten dadurch in den Hintergrund
- die Meinungsfreiheit wird eingeschränkt (Internetgesetze)
- Manipulation der öffentlichen Meinung durch nur scheinbar objektive Berichterstattung (Konzentration der Medien)

Wirtschaftlich:
- Zinseszins; buchhalterisches Geld, das keinen eigenen Wert hat, wird wie ein Gut behandelt
- Spekulation z. B. auf Nahrungsmittelpreise
- Bildung von globalen Oligopolen und Monopolen

Dies alles erzeugt unterbewusstes Leid. Auch wenn wir bewusst die Irreführung oder besser die Verführung nicht wahrnehmen, unsere Seele lässt sich nicht manipulieren. Sie leidet. Unsere Seele nimmt nur den Raum ein, der ihr zusteht. Raum, der ihr nicht zusteht, weil es der Raum eines anderen ist, diesen Raum nimmt nur unser Ego ein, sobald es ihm gefällt. Unsere Seele ist göttlicher Natur, wir können nur achtsam und liebevoll mit ihr umgehen. Unser Ego ist irdischer Natur. Nur wir können es so kontrollieren, dass es die Grenzen anderer nicht verletzt.

Leider ist es so, dass das Ego mancher Menschen so ausgeprägt ist, dass es nur noch sich selbst wahrnimmt und ohne Skrupel die Grenzen anderer Menschen verletzt. Gerade bei Menschen in Leitfunktionen ist die Auswirkung für die Gesellschaft fatal. Man könnte es so ausdrücken: Seit Menschengedenken wird das Schicksal der Menschen (oft) von Menschen geleitet, die nur sich selbst kennen, egoistisch gesteuert sind, ihre Macht nicht für das Allgemeinwohl einsetzen und dadurch unendlich viel Leid verursacht haben und immer noch verursachen.

4.7. Konsequenzen des Kapitalismus

Alle Systeme, die mit …mus enden, wie Säkularismus, Feudalismus, Kommunismus oder Kapitalismus, haben einen gemeinsamen Nenner. Sie neigen als dominantes System zur Entartung. Unter Entartung ist an dieser Stelle die Verfolgung eines einzigen Zieles gemeint. Die Systeme erreichen dadurch eine Situation, in der sie nur noch dem Selbstzweck dienen und nicht mehr dem allgemeinen Interesse. Wenn aber Menschen nur noch für ein System da sind und nicht mehr das System für die Menschen, wird der umgekehrte Effekt des Herdentriebes wirksam. Die Menschen verweigern sich. Die Folge ist dann der Zusammenbruch durch Chaos.

Wenn Systeme zu einseitig, zu fokussiert werden, erreichen die für die Allgemeinheit nützlichen Vorteile nur noch wenige Menschen. Dadurch fehlen in der Breite die Unterstützer, die das System aufrechterhalten wollen. Es dreht sich bei den Vorteilen aus einem System immer um die Verteilung von Macht, Geld und Gütern. Je mehr sich ein System auf seine eigenen Vorteile konzentriert und je weniger Menschen daran beteiligt sind, desto zerbrechlicher wird es - weil es von der breiten Masse freiwillig nicht mehr unterstützt wird. Wie sich beim Eintreten des „Umkehreffektes" eine Büffelherde gegen die angreifenden Löwen formiert, können Menschen gegen ein System rebellieren, welches die Mehrheit unterdrückt.

Der Vorteil des Kapitalismus ist die Fähigkeit zum ökonomischen Denken und Handeln. Die Entartung ist die Maximierung des Gewinns. Wenn im Kapitalismus das Ziel die langfristige Gewinnoptimierung unter der Berücksichtigung und dem Erhalt aller beteiligten Produktionsfaktoren (Menschen, die Natur mit ihren Ressourcen und das Kapital) wäre, bestünde die Chance, das System sehr lange aufrecht zu erhalten. Da allerdings der

Produktionsfaktor Kapital im Brennpunkt des Interesses steht, und die Vermehrung in sehr kurzfristigeren Zeitabläufen gemessen wird, obwohl langfristiges Denken angebracht und von Vorteil wäre, kann das System nicht auf Dauer funktionieren. Wie wirkt sich das heutige Handeln auf die Menschen und die Natur in 10, 50 oder 100 Jahren aus? Tatsächlich interessiert nur der nächste Quartalsbericht. So gesehen erleben wir die Endphase des Kapitalismus. Er dominiert alle politischen Systeme und damit das gesellschaftliche Leben in fast allen Ländern. Die Vorteile werden im Verhältnis zur Gesamtbevölkerung des Planeten auf immer weniger Menschen verteilt. Die Spielräume für Regierungen für soziale Politik werden immer enger, weil unter dem kapitalistischen Konkurrenzdruck zu anderen Ländern das verfügbare Steuereinkommen der Staaten für soziale Aufgaben immer geringer wird.

Es gilt zu berücksichtigen, dass seit der Globalisierung und den damit verbundenen Handelsabkommen Staaten in direkte wirtschaftliche Konkurrenz gezwungen werden. Dazu gehören die durchschnittlichen Stundenlöhne, die Ausbausituation der Infrastruktur, Versteuerung der Unternehmensgewinne usw. Kein Staat versteuert Unternehmensgewinne, wie er Löhne versteuert. Die Hauptsteuerlast liegt dadurch bei den Arbeitnehmern.

Die Einflussnahme des Kapitals und der Wirtschaft auf politische Entscheidungen ist direkt und nicht sozialverträglich. Es ist eine Spirale in Gang gesetzt, die sich nicht mehr rückgängig machen lässt - mit Konsequenzen. Da die grundlegenden politischen und wirtschaftlichen Entscheidungen von immer weniger Menschen gefällt werden, werden auch immer weniger die Interessen von immer mehr Menschen berücksichtigt.

Ein gutes Beispiel hierfür ist Europa. Aus einer kleinen Gemeinschaft von Staaten mit gleichen Interessen ist ein komplexes Gebilde entstanden, in die Staaten hoheitliche Aufgaben abgeben, die dann von der EU-Kommission, also sehr wenigen Menschen vertreten werden. Ein Problem dabei ist, diese wenigen Menschen, die die EU-Kommission bilden und damit die Regierung der EU, können von den Lobbyisten der Wirtschaft viel leichter erreicht und beeinflusst werden, als es ohne EU mit fast 30 Einzelstaaten und Regierungen der Fall wäre.

Die Folge sind dann Freihandelsabkommen mit Investorenschutz und Schiedsgerichten, die Unternehmen einen Sonderstatus verleihen, der für die Bevölkerungen nicht gilt und die Abgabe von klassischen Hoheitsrechten eines Staates an privatwirtschaftliche Unternehmen bedeutet. Am Ende kann dies nur Nachteile für die Allgemeinheit bringen, da kapitalistische Interessen wie die Gewinnmaximierung nicht zwangsläufig dem allgemeinen Interesse nach Frieden, Sicherheit, Gesundheit und Wohlstand entsprechen.

Ein Beispiel unter vielen sei an dieser Stelle genannt. Nur wenigen dürfte bewusst sein, dass in vielen Nahrungsmitteln genmanipulierte Bestandteile verarbeitet werden. Ein Großteil der Weltproduktion von Mais und Soja kommt bereits aus genmanipulierten Pflanzen. Aus genmanipuliertem Mais wird Mithilfe von gen-manipulierten Bakterien Maissirup[3][4] hergestellt, der in Form von Glukosesirup in vielen Nahrungsmitteln zum Einsatz kommt, obwohl die Bevölkerung mehrheitlich keine gen-manipulierten Nahrungsmittel[5] will und die gesundheitlichen Risiken[6] bekannt sind. Es hängt nur noch von den Herstellern ab, ob sie weiterhin Zucker verwenden oder Glukose. Man stelle sich das einmal vor, wegen wenigen Cent Kostenunterschied werden unter anderen in Nahrungsmitteln für Kinder Bestandteile eingesetzt, die die Eltern nicht wollen und von denen wir wissen, dass sie sich auf unsere Körper schädlich auswirken.

Unser Grundbedürfnis nach Sicherheit schließt unsere individuelle Freiheit, die Unversehrtheit von Körper und Geist und die

Wahrung der Menschenrechte mit ein. In unserem entarteten kapitalistischen System werden Grundbedürfnisse derartig massiv und breit gestreut verletzt, dass die Reaktion der breiten Masse nur Verweigerung sein kann, wenn die tatsächliche Situation einmal in das Bewusstsein der Menschen rückt.

Wenn die gegensätzlichen Interessen zwischen Allgemeinheit, Politik und Kapital in einem ausgewogenen Verhältnis zueinanderstehen, ist das jeweilige politische System fast egal. Da die politische Entscheidungsgewalt immer mehr von den Interessen des Kapitals beeinflusst wird, erlebt die Menschheit als Ganzes die Konsequenz, dass ihr Interesse immer weniger berücksichtigt wird, was zu immer weniger Bereitschaft führt, das System zu unterstützen.

Die Entwicklung führt an einen Punkt, an dem selbst die politisch Mächtigen keine Macht mehr haben und nur noch Ausführungsgehilfen für wirtschaftliche Interessen sind. Erkennbar wird dieser Zustand an den Merkmalen wie immer weniger persönliche Freiheit und immer weniger allgemeine Sicherheit und Wohlstand. In den USA ist Stand 2018 bereits die Stagnation der allgemeinen Lebenserwartung zu erkennen. Der Grund ist, dass immer mehr Menschen immer weniger Geld für ihre medizinische Versorgung zur Verfügung haben. Je weniger die Politik der Regierenden als ausgleichender Faktor funktioniert, desto mehr leiden die Menschen. Je größer das Leid der Menschen durch die Nachteile eines Systems wird, desto größer wird die Bereitschaft, dieses System loszuwerden.

Die dahinterstehende Problematik ist unser hierarchisches Denken. Wir meinen für alles und jedes einen Boss haben zu müssen. Die Betonung liegt hierbei auf einen. Einer geht voraus und bestimmt die Richtung und alle anderen folgen wie in einer Viehherde. Dieses Konzept mag für tierisches Verhalten nützlich sein, weil Tiere nicht miteinander reden und sich abstimmen können.

In hochkomplexen menschlichen Sozialstrukturen und gesellschaftlichen Systemen ist dieses Instinktverhalten nicht angebracht. Hier müsste das Prinzip der Machtverteilung auf möglichst viele Menschen mit Mehrheitsentscheidungen Vorrang haben.

Macht belastet unsere Seele durch die Verantwortung, die sie tragen muss. Macht belastet nicht zwangsläufig unser Ego. Je nachdem, welchen inneren Zwängen es folgt, kann Macht ein Mittel zur Stärkung für sich selbst sein, mit der Gefahr zur Entwicklung eines Selbstzweckes. Wir üben dann keine Macht mehr aus, um Gutes zu bewirken, sondern um unser Ego zu befriedigen. Deshalb wäre es für unsere Seele sehr viel einfacher, wenn Macht und damit Verantwortung verteilt würde, wenn sie die Macht einer Führungsrolle nicht alleine tragen müsste und so der Gefahr der inneren Verselbstständigung nicht ausgesetzt wäre. Sobald dies geschieht, richten wir unser Leben auf den Erhalt der Macht aus und nicht mehr auf unsere Selbstverwirklichung.

4.8. Kollektive Erfahrung: Selbstvernichtung

Die Menschheit als Ganzes hat schon viele kollektive Erfahrungen erlebt, z. B. Krankheiten wie die Pest, Religionskriege, territoriale Kriege, Weltkriege, Sklaverei, Naturkatastrophen, Währungsreformen, Wirtschaftskrisen und Massenarbeitslosigkeit.

Wenn wir den Grad der Überbevölkerung, der Vernichtung natürlicher Ressourcen und der politischen und wirtschaftlichen Irreführung betrachten, lässt dies nur den einen Schluss zu, dass die Menschheit geradewegs auf die Selbstvernichtung zusteuert. Diese Erfahrung hat sie bisher noch nicht gemacht. Hätten wir die Selbstvernichtung in einem anderen Leben schon einmal erlebt, wäre diese Erfahrung in unserem Unterbewusstsein verankert. Wir würden den „Leithengsten" nicht mehr folgen, weil wir die Risiken zumindest unterbewusst schon kennen, dem dadurch entstehenden inneren Widerstand nachgeben und der „Herde" nicht mehr folgen würden. Die Herde würde sich auflösen und dadurch der gemeinsame Zug in die falsche Richtung beendet.

Die kollektive Erfahrung von Weltkriegen verhindert, dass diese Erfahrung ein drittes Mal wiederholt wird. Die kollektive Erfahrung von Seuchen erzeugt die Bereitschaft, alles zu tun, damit die Risiken und Erfahrungen daraus möglichst minimiert werden. Da uns die kollektive Erfahrung der Selbstvernichtung fehlt, können sich die Kräfte, die diese ermöglichen, voll entfalten. Es gibt fast keinen Widerstand. Der wichtigste Beitrag zur kollektiven Selbstvernichtung ist die Überbevölkerung, der zweitwichtigste die globale Dominanz des Kapitals. Beides ist nicht mehr kontrollierbar. Die einfache Begründung für diese beiden Aussagen ist: Selbst die staatliche Bevölkerungskontrolle in China hat nicht funktioniert, die Bevölkerungszahl ist in 36 Jahren staatlicher

Geburtenkontrolle annähernd gleichgeblieben, und Geld ist für die meisten Menschen wichtiger als ihr Seelenheil.

Daher sind auch die Folgen wie Umweltverschmutzung und die Vernichtung natürlicher Ressourcen nicht mehr kontrollierbar. Die Konsequenzen werden unter anderen der deutliche Anstieg des Meeresspiegels, Trockenheit in vielen Regionen, Hunger, massenweises Sterben von Menschen und das weitere Aussterben von Arten sein. Wenn wir die Situation auf unserer Erde genau betrachten, haben wir uns in keinem Staat ein Umfeld geschaffen, in dem sich das Wesen der darin lebenden Menschen entfalten kann.

Zum Wesen unseres Seins gehört auch die spirituelle Entwicklung unserer Seele. Die Aufgabe von Religionen wäre es, dies im realen Leben zumindest anzubieten. Nur, welche Religion nimmt die Chancen wahr, die sich auf der Erde bieten? Menschen sich so entwickeln zu lassen, wie es ihrer Natur entspricht? In allen großen Religionen wurden und werden Menschen zu Dienern erzogen und ihnen nicht Wege aufgezeigt, wie sie sich ihre spirituelle Seite erschließen können.

Ein weiterer Fehler ist, dass sich alle großen Religionen nicht entwickeln können – weil sie sich wegen derer Dogmen nicht entwickeln dürfen. Die Menschen und die Menschheit als Ganzes entwickeln sich jedoch weiter.

Es ist eines unserer Grundbedürfnisse, in einer Solidargemeinschaft zu leben. Eine funktionierende Solidargemeinschaft bietet Schutz und Sicherheit. Je besser eine Solidargemeinschaft funktioniert, umso besser geht es den einzelnen Menschen. Das Problem dabei ist, dass die Selbstverantwortung vernachlässigt wird. Die heutigen Staats- und Wirtschaftssysteme einschließlich der Religionen sind so ausgeklügelt gesteuert, dass es keiner Selbstverantwortung mehr bedarf. Die persönliche Meinung wird von einer „freien" Presse vorgegeben. Es wird nicht objektiv berichtet, es werden Meinungen verbreitet. Unser Bedürfnis nach Integration in eine Solidargemeinschaft verleitet uns dadurch sehr leicht zur Übernahme der Meinung des Mainstreams. Würde objektiv berichtet, hätten wir zumindest die Chance, uns eine eigene Meinung zu bilden. Unser Bestreben zur „Herdenbildung" verleitet uns dazu, einem „Leittier" zu folgen. Diese Fähigkeit von Menschen, die Gleichzeitig auch ein Bedürfnis ist, wird von einigen wenigen mit ausgeprägtem Ego und mit Hang zur Machtausübung genutzt, um Menschen gegen deren eigenen Bedürfnissen zu kontrollieren und zu steuern.

Im Rahmen dieses Buches soll diese Seite unseres Egos nicht weiter erörtert werden, da es genügend Literatur u. a. mit den Themen Kapitalismus, repräsentative Demokratie oder Diktatur gibt. Doch auf ein Risiko sollte hingewiesen werden. Wenn das Streben der Menschheit nur auf Geld und Macht ausgerichtet ist und nicht auf Selbstverwirklichung, wird sie sich selber vernichten. Mit Selbstverwirklichung ist hier nicht die Gründung einer eigenen Familie, der Bau eines eigenen Hauses oder die Anerkennung durch die Gesellschaft gemeint, sondern die Verwirklichung unseres eigenen Wesens.

Die kollektive Erfahrung der Selbstvernichtung ist im Unterbewusstsein von uns Menschen noch nicht verankert, die Erfahrung von Krankheiten und Kriegen schon. Daher liegt die Selbstvernichtung im Bereich des Möglichen. Die Hauptgründe sind die mangelnde Selbstverantwortung beim Einzelnen und die Gier und das Machtstreben der wenigen, die die Fäden wirklich in den Händen halten.

4.9. Zusammenfassung Thema Leid

Wenn wir leiden, lenken wir automatisch unsere Aufmerksamkeit auf die Ursachen des Leides, um dieses zu bewältigen. Wir sind also beschäftigt und können uns viel weniger um Themen kümmern, die für uns selbst wichtig wären, z. B. unsere Selbstverwirklichung. Lassen wir das persönlich verursachte Leid beiseite, betrachten wir das Leid von Völkern. Völker können leiden, weil sie ihr Leid selbst verursacht haben, wenn z. B. durch fehlende Hygiene eine Pest ausbrechen konnte. Völker können auch durch die Aktivitäten anderer Völker leiden, z. B. wenn sie angegriffen werden, oder durch Naturkatastrophen.

Die Vermeidung von Leid ist eine natürliche Verhaltensweise. Sie gilt für den Einzelnen genauso wie für ein Volk. Wenn Völker entscheiden dürften, gäbe es sicher keinen Krieg und sicher keine Ausbeutung. Diese Beispiele ließen sich beliebig fortführen.

Unser unbewusster Antrieb ist es, nicht noch weiter verletzt zu werden. Er bestimmt das Handeln der meisten Menschen. Die Erfahrung unserer Seele ist aber genau die, dass sie fortwährend verletzt wird. Unsere Seele vermeidet Leid und Verletzungen, weil dies immer auch Spuren hinterlässt, auch wenn uns das nicht bewusst ist.

Die Verletzungen, die viele betreffen, werden meistens nur von einigen wenigen ausgelöst. Wir leben in einer Zeit, in der unnötige Drohkulissen aufgebaut werden, die dazu dienen, die „Herde" in eine gewollte Richtung zu treiben. Politiker, Firmenchefs oder andere Leitfiguren übernehmen dann die Rolle des Leithengstes. Eine in Panik geratene Herde von Pferden galoppiert ausschließlich dem Leithengst hinterher.

Auf uns Menschen übertragen bedeutet es, dass der Leithengst entscheidet, in welche Richtung es geht. Es braucht nur einen ordentlichen Knall und alle rennen hinterher. So lassen sich Kriege initiieren, wie z. B. mit dem Irak, der gar keine Massenvernichtungswaffen hatte, wie zur Begründung behauptet wurde.

Dies lässt den Gedanken aufkommen, dass der Effekt der Leidensverhinderung, der auch bei induziertem Leid wirkt, genutzt wird, um uns zu steuern, ja ganze Völker zu steuern. Menschen, die mit der Bewältigung von Leid beschäftigt sind, sind weniger kritisch und leichter manipulierbar.

Einige der gravierendsten Fehlentwicklungen, die das Überleben der Menschheit gefährden, sind:

1. Überbevölkerung

2. Kapitalismus unter der Prämisse der Gewinnmaximierung anstelle von langfristiger Gewinnoptimierung

3. Umweltverschmutzung einschließlich Gentechnologie

Diese Faktoren beeinflussen und verstärken sich gegenseitig. Einige der Ursachen werden ab den folgenden Kapiteln behandelt.

Leid lenkt von uns selbst ab.

5. Fremdbesetzungen

Dieses Thema ist heikel, weil es für unseren menschlichen Verstand sehr schwer nachvollziehbar ist, dass unsere Seele durch andere Wesen besetzt sein kann. Deshalb wurde das Thema „geistige Welt" am Anfang des Buches nur angeschnitten. Der Leser, der den Ausführungen bisher folgen konnte, wird auch diese letzte Wahrheit als Möglichkeit in Betracht ziehen können.

Wir sind in unserem Universum nicht alleine. Hier tummeln sich auch Wesen aus anderen Ebenen, die zwar körperlos sind, jedoch bei der Betrachtung ihres Verhaltens stark animalische Züge tragen. Eine wichtige Unterscheidung ist deshalb die zwischen den verschiedenen „Welten". Sie kann am leichtesten mit einer Vereinfachung erklärt werden. Die Vereinfachung ist, die menschlichen Fähigkeiten als mehrdimensional und die verschiedenen Dimensionen mit unterschiedlichen Merkmalen zu definieren.

Die irdische, materielle Welt

Definieren wir den Bereich, in dem wir leben, als die materielle Welt. Hier ist alles vergänglich, es herrschen die Gesetze von Raum und Zeit. UND: Es gibt mindestens einen Planeten, auf dem Liebe ihren Ausdruck finden kann, die Erde.

Unser Universum hat als physikalische Grundlage Raum und Zeit. Dadurch wird alles vergänglich. Dieses Gesetz ermöglicht die Existenz von Planeten, Sonnensystemen und Galaxien. Das Leben findet folglich auf der sehr niederen materiellen Ebene statt.

Die geistige Welt (nicht die spirituelle Welt!)

Der Begriff geistige Welt beschreibt in diesem Buch den Bereich, in dem sich körperlose Wesen aufhalten, die von Liebe nichts wissen wollen, sie nicht kennen oder sogar ablehnen. Hier bestehen weder die Gesetze von Raum und Zeit, noch gibt es Materie, wie wir sie kennen. Es gibt aber auch keinen Hinweis auf das schönste Merkmal, die bedingungslose Liebe. Die Wesen von dort, mit denen wir es zu tun hatten, waren kalt, rücksichtslos und egoistisch.

Deshalb erscheinen die Fremdbesetzungen für Menschen, die sie sehen können, wie große Insekten oder Reptilien. Nennen wir sie im weiteren Verlauf „Insektoiden" und „Reptiloiden". Der Unterschied zwischen den beiden Arten ist, Insektoiden ernähren sich direkt von unserer Energie, wie z. B. eine irdische Mücke oder Zecke, während Reptiloiden durch Manipulation Lebensumstände herbeiführen, die in uns negative Gefühle erzeugen, von denen sie sich dann ernähren. Es sind immer die negativen Gefühle unseres emotionalen Spektrums, an denen sie interessiert sind, z. B. Angst, Leid, Wut oder Hass – und das nicht kurzfristig, sondern möglichst über einen langen Zeitraum. Dies erreichen sie, indem sie die Störung unseres natürlichen Zugangs zu unserer Seele durch traumatische Blockaden nutzen, um uns in schwierige Lebenssituationen oder in Krankheiten hinein zu manipulieren. Im täglichen Leben sind es Situationen wie Mobbing, Streit oder Kündigungen. Die möglichen Steigerungen auf der Emotionsskala nach unten in die Negativität ist offen und für uns kaum vorstellbar.

Wir Menschen können uns lange mit der geistigen Welt beschäftigen. Sie ist so umfangreich und vielfältig, dass wir sie in ihrer Gesamtheit nicht verstehen können. Zur Beruhigung, wir können auch nicht alle Tierarten der Erde kennen. Es sind einfach zu viele. Daher ist es schon gut, wenn wir die Zusammenhänge, die direkt auf uns wirken, nachvollziehen und eine Veränderung ins Positive bewirken können.

Ein Leben, das von Besetzungen geprägt ist, wird eher verlaufen wie Beispiel B. Eine Katastrophe folgt der anderen. Der Betroffene kommt gar nicht dazu, sich auf sich selbst zu besinnen und wie im Beispiel A darauf zu achten, was er oder sie wirklich braucht.

Beispiel für Leben A und für Leben B:

Während Leben A in ruhigen Bahnen verläuft, das Ereignis im Beispiel die Geburt eines Kindes kennzeichnet, verläuft Leben B in Katastrophen. Ein Problem reiht sich an das andere. Das Ereignis kennzeichnet den Beginn einer Behinderung und setzt sich im Laufe jenes Lebens so fort.

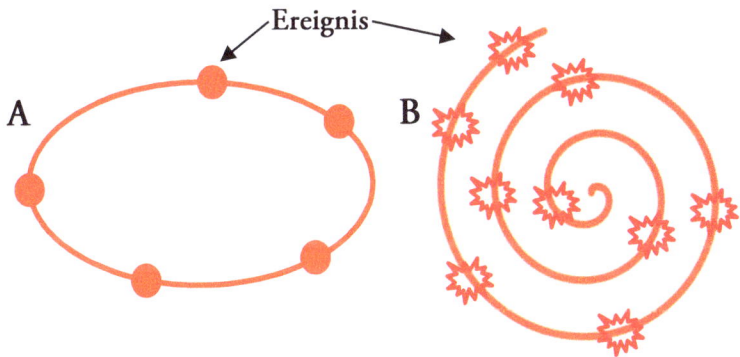

Ist es Ihnen bei Ihren Überlegungen schon einmal eigenartig vorgekommen, dass das Leben des einen Bekannten völlig reibungslos verlief, während das des anderen fortwährend problembehaftet war?

Sicher lassen sich oberflächlich viele Gründe für ein Schicksal anführen. Betrachtet man aus der Sicht eines älteren Menschen jedoch ein ganzes Leben und die Probleme, die im Verlauf dieses

Lebens aufgetreten sind, ist die Besetzungstheorie doch nicht ganz abwegig.

Die spirituelle Welt

Die spirituelle Welt ist der Bereich, in dem sich die darin lebenden Wesen das göttliche Merkmal „bedingungslose Liebe" verinnerlicht haben und absolut integer sind. Negatives, wie Mord, Hass, Gier, Geiz, welches wir aus der irdischen, materiellen Welt und der geistigen, d. h. körperlosen Welt kennen, gibt es hier nicht. Die Wesen aus diesem Bereich waren und sind bei unserer Auflösungs- und Ablösearbeit immer freundlich, liebevoll und hilfsbereit. Unsere Erfahrung mit diesen Wesen ist, dass sie nur auf unsere Ebene kommen, wenn sie gebraucht werden.

Zur spirituellen Welt kann lediglich mitgeteilt werden, dass sie derartig schön und voller Liebe ist, dass sie in Worten nicht gefasst werden kann. Deshalb machen wir uns besser kein Bild, sondern freuen uns auf den Tag, an dem wir zu ihr zurückkehren können.

5.1. Funktionsweise einer Besetzung

Da wir einen materiellen Körper haben und normalerweise keinen Zugang zu unseren spirituellen Fähigkeiten, haben wir auch keinen Schutz. Wie sollten wir uns auch einen Schutz aufbauen für etwas, das wir gar nicht wahrnehmen und daher auch nicht kennen? Für die körperlosen Wesen aus der geistigen Welt sind wir wie Nutzvieh, an dem man sich laben und ernähren kann, ohne sich selbst um die eigene Versorgung kümmern zu müssen. Dieses Verhalten kennen wir aus unserer eigenen Nutztierhaltung. Die Überraschung ist, dass wir selbst auf die gleiche Weise behandelt werden.

Das wir durch den Abzug unserer Lebensenergie in unserem Leben scheitern oder schwer krank werden können, interessiert diese Wesen nicht.

Wir sind auf das Thema Besetzungen erst nach vielen Jahren der Auflösungsarbeit von traumatischen Blockaden gestoßen, nachdem sich extreme Verhaltensweisen trotz intensiver Arbeit nicht änderten. Als noch gefährliche Krankheiten wie Gürtelrosen und schmerzhafte Nerven- und Knochenentzündungen in unserem kleinen Kreis der spirituell Arbeitenden dazu kamen, fanden wir als Ursache die Fremdbesetzungen. Weitere 5 Jahre intensiver Arbeit brachten dann die Erkenntnisse über die Zusammenhänge und Funktionsweise.

Sehr überraschend war auch, dass diese Wesen nicht vom Licht angenommen wurden. Bei Auflösungsarbeiten erscheint an dem Punkt, an dem die Seele von Verstorbenen, die ihren traumatischen Zustand aufgeben haben, immer ein Lichtportal. Durch dieses gelangt die Seele aus unserer materiellen Welt hinein in das Licht der spirituellen Welt. Eigentlich ist an dieser Stelle der Begriff „Himmel" angebracht. Die Seele verlässt für immer das irdische Dasein. Manche etwas zaghafte Seelen müssen ein Stück weit begleitet werden. In solch einer Situation kommen ihr auch immer unsere spirituellen Freunde entgegen und begleiten sie. In Hunderten Auflösungen haben wir keine einzige Situation erlebt, in der eine menschliche Seele nicht vom Licht aufgenommen wurde, egal was sie in ihrem irdischen Leben angestellt und wie sie gelebt hatte.

Bei Fremdbesetzungen war es zum ersten Mal anders. Diese durften das Lichtportal nicht durchschreiten, es öffnete sich nicht für sie. Anfangs waren wir etwas ratlos und wussten nicht, was geschieht. Bis unsere spirituellen Freunde kamen und die Fremdbesetzungen zu dem Portal begleiteten, durch das sie gekommen waren. Sie mussten wieder in ihr eigenes Universum zurück. Danach wurde das jeweilige Portal durch unsere Freunde geschlossen. Mittlerweile ist es so, dass wir gleich das Portal suchen oder unsere Freunde bitten, eines für uns zu öffnen, wenn wir keines finden. Nicht immer schaffen wir es, die Fremdbesetzungen aus eigener Kraft zu ihrem Portal zu begleiten. Auch dann stehen uns unsere spirituellen Freunde hilfreich zur Seite.

Wir haben in diesen Jahren mehrere Arten von Besetzungen durch Seelenanteile, Seelen oder Fremdbesetzungen gefunden. Die Besetzung durch Seelenanteile von Menschen oder Seelen von verstorbenen Menschen ist für uns weniger problematisch. Wenn der Grund für die Besetzung erkannt und aufgelöst ist, gehen Seelenanteile gerne zurück zu ihrer Stammseele und Seelen gehen ins Licht. Anders verhält es sich mit Fremdbesetzungen, also Wesen aus anderen Universen. Wie mit diesen umgegangen werden kann, wird im Folgenden näher beschrieben:

1. menschlicher Seelenanteil:

Hier hat sich während einem intensiven Ereignis ein Seelenanteil abgekoppelt und ist auf eine andere Seele übergesprungen. Auslösesituationen können sehr freudige Ereignisse sein, wie ein glücklicher Liebesmoment, aber auch eine tragische Situation, wie ein Geburtstrauma, während dem ein Seelenanteil auf einen nahestehenden Menschen überspringen kann. Fremde Seelenanteile an uns behindern unseren eigenen Energiefluss. Ein uns fehlender Seelenanteil behindert bzw. verhindert unseren Selbstausdruck in dem betroffenen Lebensbereich.

2. menschliche Seele:

Ein einfaches Beispiel ist die verstorbene Mutter, die aus Sorge um ihr Kind noch nicht ins Licht gegangen ist und bei ihrem Kind verharrt. Die meisten von uns dürften Seelenanteile oder fremde Seelen mit sich „herumtragen". Das wäre nicht so kritisch, wenn eine andere Seele in unserem Seelenbereich nicht unseren eigenen Energiefluss stören würde. Es macht doch einen großen Unterschied, ob man ohne Rucksack spazieren geht oder mit schwerem Gepäck auf Wanderschaft ist. Das Folgende ist ironisch gemeint: Dann lieber ohne Rucksack.

3. menschenähnliche Wesen:

Diese betrachten uns vorrangig als Forschungsobjekt und führen auf der unterbewussten Ebene ihre Studien an uns durch. Aber auch sie können sich in unserer Seele einnisten und dort ihr Unwesen treiben. Wir fanden Wesen, die direkt auf unsere Seele einwirkten, und andere, die uns durch ein Portal hindurch manipulierten.

4. Insektoide Wesen:

Sie erscheinen uns wie übergroße Insekten. Sie betrachten uns vorrangig als Nahrungsquelle, indem sie uns direkt an der seelischen Entsprechung unserer Organe „anzapfen".

5. Reptiloide Wesen:

Sie erscheinen uns wie übergroße Reptilien. Sie betrachten uns ebenfalls vorrangig als Nahrungsquelle. Sie ernähren sich von negativen Gefühlen, die sie durch Manipulation unserer Lebensumstände hervorrufen. Um zu uns zu gelangen, nutzen diese Wesen Portale, die den Übergang zwischen den Dimensionen ermöglichen oder wir bringen sie bei der Wiedergeburt schon mit.

6. Elementare:

Elementare sind nur der Vollständigkeit halber aufgelistet. Sie spielen bei Auflösungen eine untergeordnete Rolle, weil sie selten vorkommen und durch den Schabernack, den sie treiben, leicht zu finden sind. Elementare sind keine Wesen aus unserem Universum. Sie kommen aus einem Universum, in dem sie ihre eigene kleine Spiel- bzw. Zauberwelt erschaffen können. Alles ist farbig und bunt und dient nur dem Zeitvertreib. Das mag jetzt etwas niedlich klingen, ist es aber in unserer Welt nicht, wenn wir uns nur noch ums „spielen" kümmern.

Es scheint, als hätte unsere Seele dort auch einige Zeit verbracht, weil Elementare nicht aus eigener Initiative in unser Universum kommen, sondern wir sie mitbringen.

7. Nicht sichtbare Wesen:

Es gibt Geschehnisse, die sich nicht erklären lassen, sondern nur durch ihre Auswirkung erkennbar sind. Beruhigend für uns ist, dass der Schutz unserer Seele und damit unseres Körpers wirkt, wenn wir ihn rufen bzw. uns für ihn öffnen.

Die Geschehnisse werden durch Wesen hervorgerufen, die auch für hellsichtige Menschen nicht sichtbar sind. Wir sehen nur ihre Auswirkungen, die gesundheitlicher oder von anderer nicht erklärbarer Natur sein können. Wenn keine Wesen sichtbar sind, ein Mensch aber trotzdem sterbenskrank wird, sollten wir diese Möglichkeit in Betracht ziehen. Was dann immer hilft, ist der persönliche Schutz. Wir brauchen ihn nur zu rufen.

Die für uns nicht sichtbaren und schädlichen Wesen können durch ihr Wirken gefunden werden. Das soll heißen, dass wir nicht alle Wesen wahrnehmen können, auch nicht die, die uns schaden. Wir können jedoch unsere Beobachtungen, in dieser Situation unseren Fokus, auf weit stellen. Im Grunde ist es nichts anderes, wie das auf Empfang stellen der körperlichen und geistigen Antennen.

Dies kann erforderlich werden, wenn uns Auswirkungen auffallen, wir aber keine Ursache finden. Der Grund ist, wenn wir etwas noch nicht kennen oder noch nicht erlebt haben, ist es auch nicht in unserer Erinnerung gespeichert. Wir können es in unserer Erinnerung nicht finden. Sie kennen das vielleicht aus Ihrer eigenen Erfahrung. Wenn Ihnen jemand etwas zeigen wollte und Sie es einfach nicht gesehen haben. Erst wenn eine nähere Beschreibung kam, z. B. das Auto mit den blauen Streifen, oder der grau-weiße Vogel mit dem langen Hals, wusste Ihr Verstand, nach welchen Merkmalen er in den Bildern, die von Ihrem geistigen Auge erschienen, suchen musste.

Den Nachweis, ob es diese Wesen gibt oder nicht, ob unsere Beobachtungen stimmen, oder nicht, können nur nachfolgende Generationen erbringen. Die Menschheit wird sich weiter entwickeln. Das Bewusstsein jedes Einzelnen wird weiterwachsen und unser Ego wird mehr zulassen und wahrnehmen können, wie wir uns jetzt vorstellen können. Um diese Aussage zu verdeutlichen: Vor 100 Jahren konnte man sich nicht vorstellen, dass die Menschen ein Mobiltelefon haben werden, mit dem sie auch fotografieren und filmen können. So entzieht es sich auch unserer Vorstellungskraft, was Menschen in 100 Jahren alles wahrnehmen und verstehen können.

Es mag für den Leser schwer nachvollziehbar sein, dass wir nicht alleine sind und vor allem, dass wir, d. h. unsere Seele und damit auch unser Wesen und dessen Bestandteile wie unser Ego, unsterblich sind. Was die Schöpfung alles für uns bereit hält, können wir uns nur schwer vorstellen. Wir Menschen haben uns über viele Jahrtausende entwickelt. Es ist nun an der Zeit, dass wir unser wahres Potenzial entdecken, über den „Tellerrand" hinausschauen, um die Wahrheit zu entdecken.

Die Seele des Menschen ist unsterblich. Die Erde ist lediglich ein Spielplatz für unser Ego. Wir sind nicht alleine, es gibt noch viele andere Daseinsformen. Es liegt an uns, ob wir uns Weiter-Entwickeln. Wir können es, wenn wir es wollen.

5.2. Unterschied von Trauma und Fremdbesetzung

Trauma wartet sprichwörtlich darauf, erlöst zu werden, während Fremdbesetzungen sich vehement dagegen wehren, von ihrer Nahrungs- bzw. Forschungsquelle getrennt zu werden. Das geht von der Manipulation des Betroffenen schon vor der Sitzung bis hin zur Abwehr durch Verschleierung ihrer Andockstelle an unserem Körper und ständigem Positionswechsel, sodass der direkte Zugriff erschwert wird. Die Vorgehensweise bei der Entfernung ist, die Stellen, über die die Fremdbesetzungen unsere Energie abziehen, zu finden und aufzulösen. Dadurch fehlt ihnen ihre Energiequelle und sie werden geschwächt.

Der nächste Schritt ist, die Fremdbesetzung selbst zu konfrontieren. Dies muss liebevoll, achtsam und mit Respekt erfolgen. Andernfalls können die oft kurzfristig entstehenden körperlichen Schmerzen für den Behandelten so stark werden, dass dieser die Behandlung abbricht. Dies ist ein weiteres Merkmal bei Ablösungen von Fremdbesetzungen. Körperliche starke Schmerzen haben wir noch bei keiner Auflösung von Traumas beobachtet. Die behutsame Vorgehensweise ermöglicht auch, dass die Fremdbesetzung ihre Abwehr ausspielen kann und damit ihre Energie verbraucht. Dadurch kann sie sich immer schlechter in unserem Energiefeld halten, bis sie sich dann irgendwann loslösen lässt. Sie muss nur bewusst gehalten werden, damit sie uns nicht mehr entgleiten kann. Auf unserer Seelenebene geschieht das fast von alleine. Welche Kräfte auch immer dabei tätig sind, die Wesen werden manchmal eingepackt, um sie „reisefertig" für ihr eigenes Universum zu machen. Bei intelligenten Wesen ist es oftmals notwendig, dass unsere spirituellen Freunde sie bis zum Portal begleiten.

Wenn wir selbst dazu nicht in der Lage sind, die Wesen durch ein Portal wieder zu ihrem Ursprung zurückzuschicken, sind immer unsere spirituellen Freunde zur Stelle, die uns dabei helfen oder die Aufgabe übernehmen.

5.3. Aussehen und Wirkung von Fremdbesetzungen

Für die Befürchtung einiger Menschen, dass sich Außerirdische in Menschengestalt auf der Erde aufhalten, haben wir keine Bestätigung gefunden. Tatsächlich ist es so, dass wir für kurze Momente Besetzungen an anderen Menschen wahrnehmen können, wenn die Umstände es erlauben, auch ohne uns darauf zu fokussieren. Sie können dann wie „außerirdisch" aussehen. Sehr oft ist ihr Erscheinungsbild wie das von übergroßen Insekten oder Reptilien. Grundsätzlich können sich Fremdbesetzungen in allen möglichen Formen zeigen bzw. für uns sichtbar sein. Wir können sie aber ausschließlich nur für längere Zeit z. B. für Ablösungen in den Fokus nehmen, wenn uns der Betroffene das mit einer bewussten Entscheidung erlaubt. Ich persönlich glaube aufgrund meiner Erfahrungen nicht, dass irgendwelche außerirdischen Rassen in einer körperlichen Form auf diesem Planeten leben. Was ich aber sicher weiß, ist die Tatsache, dass wir so dominant besetzt sein können, dass es für einen dafür offenen Menschen möglich ist, eine Besetzung für einen kurzen Moment zu sehen.

Falls Sie jemanden kennen, der meint schon einmal einen Außerirdischen gesehen zu haben, fragen sie ihn, wie lange. Es war sicher nur für wenige Augenblicke. Und dann hat er eben die Besetzung gesehen und keinen Außerirdischen im „menschlichen Gewand".

Zum Thema Besetzungen gibt es allerdings eine Beobachtung und daraus resultierend ein interessantes Gedankenspiel, das ich an dieser Stelle nicht unerwähnt lassen möchte:

Bei Auflösungen von Traumas fließen immer Informationen, um das Verständnis für die auslösende Situation zu ermöglichen. Verständnis ist die Voraussetzung für Verzeihen, Verzeihen löst das Trauma auf.

Ein „insektoides" oder „reptiloides" Wesen gibt freiwillig keine Informationen. Sie behalten ihr Wissen um die Umstände der Besetzung für sich. Es wechselt auch nicht einfach seinen Wirt, wenn es einmal geschafft hat, sich auf der Seelenebene festzusetzen. Da es Zeit- und Raumlos ist, kann es im Fall des körperlichen Todes seines Wirtes in Ruhe die Wiedergeburt abwarten, um dann in einem neuen Leben seine schädliche Wirkung auf die menschliche Seele von Neuem zu beginnen. Wenn es diesem Wesen dann noch gelingt, seinen Wirt durch Manipulation seines Egos in eine führende Position zu bringen, z. B. einem Fürsten im Mittelalter, kann es durch Manipulation zu einem Krieg der auslösende Faktor für sehr viel Leid von vielen Menschen werden und damit für seine Spezies eine reich sprudelnde Nahrungsquelle erzeugen.

Stellen Sie sich eine Blattlaus auf einer Pflanze vor. Wenn die Pflanze ausreichend versorgt ist, gibt es für die Laus viel Pflanzensaft. Wenn viele Menschen leiden, haben die Reptiloiden Nahrung im Überfluss.

Wenn es den Reptiloiden gelingt, durch ihren Wirt über lange Zeit eine statische Herrschaftsstruktur zu dominieren, können sie dafür sorgen, dass sie und ihresgleichen durch Wiedergeburt immer wieder in diese Struktur hineingelangen. Wenn sich meine Vermutung irgendwann nicht nur als Möglichkeit, sondern als Tatsache herausstellt, wäre z. B. in der Vergangenheit eine geeignete Struktur neben vielen anderen die der Aristokratie gewesen. Daraus folgt ein Gedankensprung.

Im Wesentlichen hatten es 1914 zwei Kaiser, ein Zar und ein König in der Hand, ob es zum 1. Weltkrieg kommt oder nicht. Ich bin mir nach meiner langjährigen Auflösungsarbeit sehr sicher, dass wenn die vier nicht besetzt gewesen wären, es nicht zum Krieg gekommen wäre. Eine nicht besetzte menschliche Seele ist niemals Auslöser für eine Tragödie, bei der 25 Millionen

Menschen ihr Leben verlieren und viele Millionen unsagbar leiden.

Die gleiche Situation hatten wir 1939 wieder und damit bietet sich das gleiche Gedankenspiel an. Wieder waren die Hauptakteure vier Staatenlenker, von denen zwei (Hitler und Stalin) ganz sicher besetzt waren, mit dem Ergebnis von 50 Millionen Toten. Falls Sie sich jetzt fragen, wie denn ein Toter noch als Nahrungsquelle genutzt werden kann - diese Frage ist berechtigt. Die Antwort ist, für Fremdbesetzungen sind die Angst und das Leid vor einem gewaltsamen Tod und während dem Sterbeprozess von höchstem Interesse, weil Angst und Leid hier ein Maximum erreichen.

Wir können in der Zeitlinie noch weiter z. B. zu den Azteken zurückgehen. Die Wahrscheinlichkeit, dass deren Priester zumindest etwas hellsichtig waren und um die Bedürfnisse ihrer vermeintlichen Götter gewusst haben, ist sehr hoch. Andernfalls hätte es niemals so viele Tote durch brutalste Menschenopfer gegeben. Der übergroße Schmerz und die Angst während der Opferung müssen ein wahres Labsal für die reptiloiden Besetzungen gewesen sein.

Als Leser fällt Ihnen sicher die emotionale Beteiligung des Autors auf. Wenn man die Verletzungen einer Seele gesehen und die Auswirkung auf Menschen durch die Manipulation ihres Lebens miterlebt hat, ist die Einstellung gegenüber diesen Wesen eher nicht freundschaftlich.

Wenn wir unsere Emotionen wie Angst, Leid, Wut usw. aus diesem Blickwinkel betrachten - an dieser Stelle sei trotz der Ernsthaftigkeit des Themas mit einem Augenzwinkern die Pluralität der Betrachtungsweisen erlaubt - finden wir Strukturen und Organisationen, die genau diese Gefühle erzeugen, auch in unseren heutigen Gesellschaften. Namensabkürzen wie die Begriffe

NSA oder IS lösen in uns bestimmt kein freudiges Bauchgefühl aus. Die Machtkonzentration durch internationale Großkonzerne fördert ebenfalls nicht unser Sicherheitsgefühl, und die andauernden Bedrohungen mit Kriegen sind für unsere Seele nicht förderlich, für unsere Besetzungen schon.

6. Der Reichtum der Seele

Im Laufe unserer vielen Leben sammelt sich Trauma an wie der Müll auf einer Müllhalde. Das ehemals blühende Paradies unserer Seele ist so zugeschüttet mit traumatischen Blockaden, dass wir uns nicht einmal mehr sicher sind, dass wir eine Seele haben.

Mittlerweile ist der Zugang zu unserer Seele auf eine Glaubensfrage reduziert. Viele Menschen glauben nicht einmal mehr, dass es die Seele gibt. Die Situation in Bezug auf ein Wegräumen der „Müllhalde" durch Auflösungsarbeit scheint aussichtslos, wenn man bedenkt, dass dies mit echter therapeutischer und spiritueller Arbeit verbunden ist.

Um den Zugang zu unserer Seele wieder so zu erlangen, dass wir wissen, dass es sie wirklich gibt, reichen oft schon eine bis wenige Auflösungen traumatischer Blockaden, besonders bei Krankheiten, die mit medizinischen Methoden alleine nicht heilbar sind.

Genau darin liegt Hoffnung. Wenn wir aus besonderen Lebensumständen heraus, z. B. durch Krankheit oder Trennung gezwungen werden, ein Stück weit den Seelenweg zu gehen. Wenn wir in einer schweren Lebensphase bereit sind, mit unserer Seele zusammen zu arbeiten, um eine Krankheit oder einen besonders tiefen Schmerz zu überwinden, haben wir die Tür zu unserer Seele wiedergefunden und ein Stück weit geöffnet. Dieser Vorgang entspricht einer Erweiterung unseres Bewusstseins um die Erfahrung, dass etwas in uns ist, was unsere Kenntnis über uns selbst bei Weitem übersteigt und uns gleichzeitig den Glauben an eine bessere Welt wieder ein ganzes Stück näherbringt.

Mit der Zeit wird dann dieser Glaube ein Teil unseres täglichen Lebens und damit selbstverständlich. Alleine das Wissen, dass wir so etwas wie eine Seele haben, reicht schon. Weil damit dann auch das Wissen vorhanden ist, dass wir jederzeit besonders in schwierigen Situationen Hilfe aus der spirituellen Welt erhalten, um unsere Seele ein Stück weit von alten Lasten zu befreien, und dadurch auch an unserem Körper Heilung erfahren.

Unsere Wohnung und unser Haus halten wir in Schuss, unser Auto bringen wir zur Inspektion. Es wäre schon ausreichend, wenn wir mit unserer Seele ähnlich umgehen. Wer sollte sich sonst um unsere Seele und um unser Seelenheil kümmern, als wir selbst?

7. Beispiele aus der praktischen Arbeit

Es lässt sich viel in der Theorie über seelische Zusammenhänge schreiben. Wenn dahinter nicht die Erfahrung von hunderten Auflösungen und Ablösungen steht, bleibt es Theorie. Durch praktische Fälle erfüllt sich die Theorie mit Leben. Es lässt sich leichter verstehen und nachvollziehen, was da wirklich in den Tiefen unseres Unterbewusstseins geschieht, ohne dass wir es bewusst mitbekommen. Erst wenn sich die seelischen Störungen in unserem Körper oder in unserem täglichen Leben manifestieren, werden wir aufmerksam, registrieren, dass etwas nicht stimmt, und reagieren mit den uns zur Verfügung stehenden Mitteln der modernen Heilkunst.

Was könnte für Menschen nicht alles ins Positive gewendet werden, wenn Medizin, Naturheilkunde einschließlich der Physiotherapie und die geistige Heilung Hand in Hand zusammenarbeiten und wir uns dann noch natürlich ernähren würden. Es wäre sicher die Regel, dass Menschen bis ins hohe Alter weitestgehend gesund und ohne einschränkende Krankheiten leben könnten. Damit der Inhalt des Buches mit der praktischen Erfahrung untermauert wird, werden im Folgenden einige Arbeiten aus dem täglichen Leben aufgelistet.

Die Beispiele beginnen mit Auflösungen, die in ihrer Wirkungsweise leicht nachzuvollziehen sind und enden mit einem Beispiel von Verkettung von Prägesituationen, Traumas und Besetzungen, die eine lebenslange Verhaltensweise auslösten.

Hinweis:

Die geistige/energetische Behandlung, bzw. die spirituelle Arbeit, wie in den folgenden praktischen Fällen und im Buch beschrieben, ersetzt nicht die ärztliche Behandlung. Sie kann die Heilung jedoch unterstützen.

7.1. Bakterien und Viren

Bakterien und Viren sind Lebewesen und haben wie alles Lebende eine Seele. Wir können auf der Seelenebene mit Bakterien und Viren kommunizieren. Besonders Viren treten immer in Ansammlungen auf. Sie verstecken sich, indem sie sich durch das Kopieren des umgebenden Gewebes auf ihre äußere Hülle tarnen. Da sie sich energetisch sehr wohl von ihrer Umgebung unterscheiden, können wir sie leicht finden. Sobald wir ihre Ansammlung wahrnehmen, sie dadurch „entdeckt" sind, geraten sie in ein hektisches und chaotisches Durcheinander und verlieren dadurch ihre Tarnung. In diesem Zustand sind sie leicht steuerbar. Da sie durch ihr verstärktes Auftreten den Wirt schädigen, können wir sie auffordern, ihn zu verlassen und sich auf ein Maß zu beschränken, das den Wirt nicht weiter schädigt.

Wenn wir ihnen dann noch den optimalen Weg über die Blase zeigen, verlässt die überwiegende Zahl sehr schnell den Wirt. Aus eigener Behandlungserfahrung bei HIV war die Belastung im Vergleich vor und nach zwei Sitzungen um 90 % reduziert. Die Analysen der Blutproben erfolgten vor und nach den beiden Sitzungen im Abstand von drei Monaten.

Bei einer Gürtelrose verblieben nach der medizinischen Behandlung die Seelen der abgestorbenen Viren an ihrem ursprünglichen Ort. Dadurch wurde das umgebende Gewebe immer wieder an die ursprüngliche Erkrankung erinnert. Es zeigten sich die einer Gürtelrose entsprechenden Nervenreaktionen, die endeten, als die noch anwesenden Seelen der Viren ins Licht geführt wurden.

7.2. Faszien

Faszien sind Bindegewebe, die jedes Organ, Knochen und Muskeln umgeben. Sie können u. a. durch schmerzhafte körperliche und/oder seelische Einflüsse blockieren und gerade bei Muskeln durch ihr Zusammenziehen Knoten bilden.

Die energetischen Wirkungen auf Faszien als Auslöser von Blockaden sind schwer zu beschreiben. Wenn Faszien Knoten bilden oder blockieren, können die Auslöser Sportverletzungen sein, Fremdbesetzungen oder das Zusammenwirken mehrerer schmerzhafter ähnlicher äußerer Einflüsse. Ein solches Konglomerat kann in Summe traumatisch wirken, auch wenn ein einzelner Einfluss noch nicht wie ein Trauma wirkt. Traumatische Wirkungen auf Faszien können vielfältig sein. Wir haben neben Verdauungsstörungen auch blockierte Bereiche des Bewegungsapparates beobachtet.

Insbesondere Faszien-Knoten im Bauchraum sind ein Hinweis auf unterschiedliche Einflüsse, die zeitlich weit auseinanderliegen können und in Summe irgendwann traumatisch wirken. Wichtig für die energetische Behandlung ist, Faszien-Knoten bzw. Verspannungen können aufgelöst werden, indem die organisch gespeicherte traumatische Information gefunden wird und sie dadurch in unser Bewusstsein rückt. Das ist auch der Unterschied zu seelischem Trauma. Dieses wird auf unserer Seelenebene gespeichert, während organisches Trauma zum Beispiel durch Faszien-Knoten auf der Körperebene gespeichert wird.

Wichtig für die Heilung ist nur, organisches Trauma kann wie seelisches Trauma aufgelöst werden. Manchmal lösen sich insbesondere Flächenverspannungen schlagartig auf, während Knoten bei der geistigen und dadurch schmerzfreien Behandlung manchmal mehr zeitlichen Aufwand benötigen. Insbesondere dann, wenn mehrere Ursachen einen Knoten bilden. Dabei muss der

Behandler bis zur gespeicherten traumatischen Information vordringen, um sie dadurch an die bewusste Oberfläche aufsteigen zu lassen. Löst sich ein Faszien-Knoten nach einer Auflösung nicht auf, sondern reduziert sich lediglich, sind noch weitere Informationen gespeichert. Dazu ist manuell das sanfte Finden und Kontakt halten zum Knoten bzw. der Verspannung notwendig. Sobald die gespeicherte Information bzw. Informationen aufgelöst sind, kehrt die Faszie schmerzfrei in ihren Normalzustand zurück.

Beispiel für eine traumatische und karmische Verkettung von Ereignissen, deren Wirkungen nicht tödlich waren, aber lebenslang Einfluss auf die Gesundheit nahmen. Über Faszien wurden dabei traumatische Verletzungen auf die Verdauung übertragen.

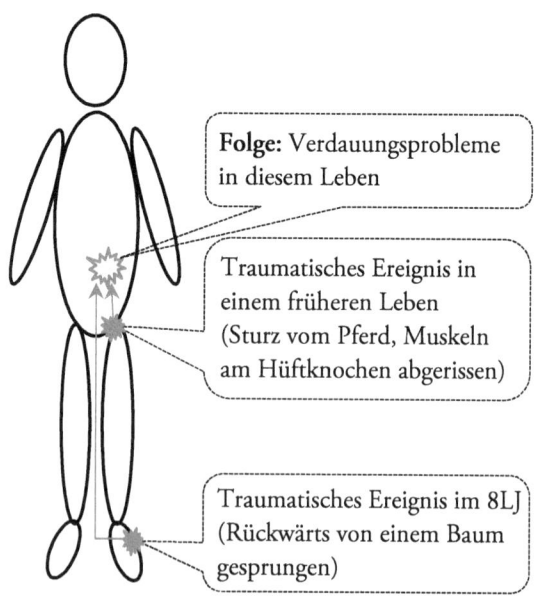

Folge: Verdauungsprobleme in diesem Leben

Traumatisches Ereignis in einem früheren Leben (Sturz vom Pferd, Muskeln am Hüftknochen abgerissen)

Traumatisches Ereignis im 8LJ (Rückwärts von einem Baum gesprungen)

7.3. Schreikind

Wenn ein Baby über mehrere Stunden am Tag und über einen längeren Zeitraum schreit, kann dies eine ganze Reihe von Ursachen haben. In einem Fall eines befreundeten Heilers waren alle möglichen medizinischen Ursachen durch die Eltern abgeklärt. Auch der Besuch einer Schlafklinik war erfolglos geblieben.

Die Behandlung benötigte eine vorbereitende Sitzung und die Auflösungssitzung. Die Seele des Schreikindes hatte noch eine starke Verbindung zur Zwillingsschwester in einem anderen Leben. In jenem Leben lag das Schreikind im Koma. Die Zwillingsschwester war bei ihm und hielt ihm die Hand. Die Angst vor dem Tod und die Angst, dadurch die Zwillingsschwester zu verlieren, war für das Kind in jenem Leben traumatisch. Dieses Sterbetrauma nahm es mit in dieses Leben.

Jedes Mal beim Einschlafen wurde das Trauma, d. h. die Todesangst und die Verlustangst wieder aktiv. Dies führte zu den Schreikrämpfen. Die Auflösung des Sterbetraumas in dem anderen Leben brachte die Heilung. Nach drei Tagen mit deutlich weniger Schreianfällen war das Baby frei von Schreiattacken.

7.5. Spielsucht

Das folgende Beispiel umfasst viele Einzelsitzungen, bei denen sich in ihrer Gesamtheit das Belastungsschema einer Spielsucht herauskristallisierte. Um die Komplexität einer starken Belastungssituation besser darstellen zu können, ist eine 3-stufige Unterteilung notwendig.

Phase 1: vorbereitende Auflösungen
Phase 2: Überwindung der Vermeidungsreaktion
Phase 3: Überwindung der Bewusstseinsblockade

Detaillierte Beschreibung:

Phase 1: vorbereitende Auflösungen

Mehrere Auflösungen von Traumas und Ablösungen von Besetzungen aus diesem und anderen Leben. Es ist nicht ungewöhnlich, wenn ein Kernthema von Nebenthemen überlagert wird. Wenn diese den Zugang zum Kernthema stören oder verhindern, müssen zuerst diese Themen aufgelöst werden.

Phase 2: Überwindung der Vermeidungsreaktion

Wir spüren, dass etwas Größeres vor uns liegt, und würden die weiteren Auflösungen am liebsten vermeiden. Dies ist die kritische Phase, vergleichbar mit einer Prüfung. Unser Instinktverhalten ist, die weiteren Schritte zu verhindern, um auf keinen Fall mit unangenehmen Gefühlen in Kontakt zu kommen. Unser Ego hat die Tendenz, eher dem Instinktverhalten nachzugeben. Die Gegenspieler in dieser inneren Auseinandersetzung sind der Verstand und unser ICH. Solange unser ICH meint, unser Ego zu sein, wird es wie unser Ego entscheiden, also dem Instinktverhalten folgen. Erst wenn wir begriffen haben, dass wir mehr sind als unser Ego, also mehr wie unser irdisches Leben, können wir unser

Instinktverhalten überwinden. Die Vermeidungsreaktion hat dann keine Macht mehr über unsere Willensentfaltung.

Schema der Belastungssituation vor der Bereinigung des die Vermeidungsreaktion auslösenden Traumas und der Ablösung von Besetzungen:

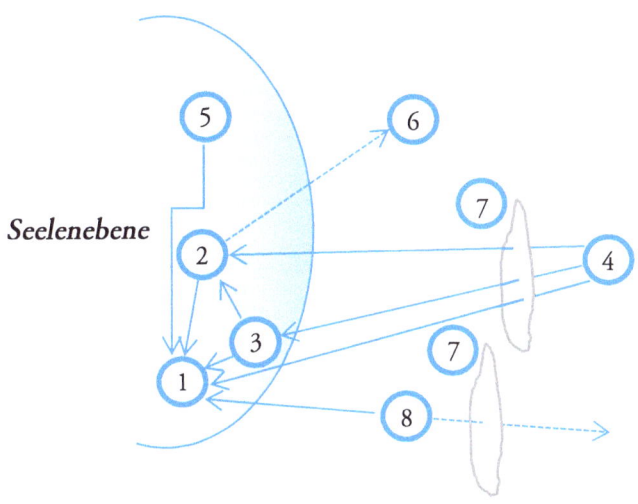

1   Eigener Spieltrieb, wurde durch 2 und 4 verstärkt und entzog sich u. a. dadurch der Selbstkontrolle.

2   Kindliches Bewusstsein aus einem anderen Universum, das von 4 daran gehindert wurde, zu den eigenen Eltern zurück-zukeh-ren, und den Spieltrieb 1 unterstützte. Es wurde während einer der Sitzungen von den Eltern zurückgeholt.

3   Von 4 auf der Seelenebene hergestellte Verbindungsstelle zu 1 und zu 2, um diese zu kontrollieren.

4   Fremdes, bösartiges Wesen aus einer anderen Dimension, welches die Weiterentwicklung der Seele verhindern wollte

und dadurch viel Leid verursachte. Nachdem die Verbindungsstelle (3) aufgelöst war, konnte das Portal (7) geschlossen werden.

(5) Seelenanteil der Mutter, der sich für extravagant und etwas Besonderes hielt und während der frühen Kindheit übertragen wurde. Dieser Seelenanteil war Hauptursache dafür, dass die Spielsucht als solche nicht erkannt wurde.

(6) Eltern von 2 aus der geistigen Ebene, die ihr verirrtes Kind wieder zurückholten.

(7) Portale

(8) Wesen aus der geistigen Welt, welches sich vom Leid des Betroffenen ernährte. Dieses Wesen wurde von unseren spirituellen Freunden in seine ursprüngliche Dimension zurückgebracht und das Portal geschlossen.

Phase 3: Überwindung der Bewusstseinsblockade

Die Bewusstseinsblockade verhindert unseren Zugang zu einem Kernthema, indem unsere Wahrnehmung dafür blockiert ist. Wir können auf das Vorhandensein eines Kernthemas nur durch dessen Wirkung aufmerksam werden. Das Kernthema erkennen wir nicht. Eine solche Situation wird dadurch deutlich, wenn wir unser Monatsgehalt verspielt haben oder jeden vierten Tag einen Kasten Bier brauchen und trotzdem vehement von uns selbst behaupten, das Bedürfnis unter Kontrolle zu haben.

In unserem Idealzustand sind Ego und ICH eins, beide Seelenanteile bilden ein harmonisches Ganzes, unser ICH BIN. Wenn wir meinen, über eine Verhaltensweise die Kontrolle zu haben, bei ehrlicher Betrachtung aber feststellen müssen, dass dem nicht so ist, haben wir eine innere Konfliktsituation. Diese ist ein Hinweis darauf, dass unser ICH BIN gestört ist. Also z. B. der Seelenanteil, der unser Ego beinhaltet, durch traumatische Einflüsse aus unserer inneren Mitte, unserem ICH, verschoben wurde. Im Beispielsfall wurde das Ego durch ein traumatisches Erlebnis im Alter von 9 Jahren in den Bereich des 3. Auges verschoben und dort von einem Seelenanteil der Mutter und einer Fremdbesetzung festgehalten. Dadurch konnte sich das Ego nicht seinem Alter entsprechend weiter entwickeln. Die einzige Möglichkeit der Kommunikation nach außen war über das Ausleben des Spieltriebes. Nachdem das traumatische Erlebnis aufgelöst und der Seelenanteil der Mutter und die Fremdbesetzung wieder zurückgeführt waren, konnte der Seelenanteil des Egos wieder zurück an seinen ursprünglichen Platz ins Ego-Ich-Zentrum, das im Bereich des Bauchnabels liegt. Auf dem Weg dorthin durchlebte es alle bis dahin nicht wahrgenommenen Lebenssituationen. Im Zentrum angekommen hatte das Ego den seinem Alter entsprechenden Bewusstseinsstand erreicht und verband sich wieder mit dem Seelenanteil des ICH zum ICH BIN.

Was durch die Schilderung des realen Beispiels auch klar wird, mit unserem menschlichen Verstand kämen wir niemals auf eine solch komplexe Belastungssituation. Diese konnte nur durch das konstante „Abarbeiten" der Signale und Hinweise aus der Seelenebene über einen längeren Zeitraum herausgearbeitet werden. Für den Betroffenen selbst war dies eine schwierige Zeit, weil er sich selbst immer wieder mit etwas konfrontieren musste, mit dem er eigentlich nichts zu tun haben wollte. Es ist wie das ständige wieder aufreißen einer Wunde, die noch nicht vollständig gereinigt ist, deren Wundschorf jedoch entfernt werden muss, um an das noch kranke oder infizierte Gewebe zu kommen.

Die Auflösungsarbeit war nur möglich durch die Bereitschaft des Behandelten, sich immer wieder aufs Neue auf die Konfrontation der Sucht einzulassen. Wenn wieder gespielt wurde, wurde nachgeforscht, was der erneute Auslöser war und darauf geachtet, welche Signale aus dem Unterbewusstsein emporstiegen. Diese waren die Hinweise für den nächsten Schritt. Eine verstandesmäßige Herangehensweise wäre sicher nicht erfolgreich gewesen und hätte den Behandelten emotional überfordert. Wenn wir mit unserer Seele zusammenarbeiten und auf ihre Signale und Botschaften achten, gehen wir den sanften Weg. Es entstehen keine neuen Verletzungen. Die alten Verletzungen können eine nach der anderen aus unserem Unterbewusstsein in unser Bewusstsein aufsteigen. Das damit verbundene Trauma oder die Besetzungen werden Schritt für Schritt aufgelöst bzw. abgelöst und dadurch die Verletzung geheilt. Ein Trauma oder eine Besetzung ist geheilt, wenn wir uns nicht mehr oder nur durch Zuhilfenahme schriftlicher Notizen daran erinnern und dabei kein Unwohlsein ausgelöst wird.

So komplizierte Zusammenhänge wie bei diesem Beispiel sind nicht die Regel. Der Normalfall ist, dass schon mit einer bis einigen wenigen Auflösungen beträchtliche Fortschritte erzielt werden können.

8. Meditationstechnik

Es gibt viele Meditationstechniken, die geeignet sind, uns in eine tiefe Entspannung zu führen. Für Menschen aus der westlichen Hemisphäre ist es schwer, die Disziplin für eine fernöstliche Haltung und Atmung aufzubringen. Wenn wir über die reine Entspannung hinauswollen, wenn wir lernen wollen, unser Bewusstsein für die unbewussten Signale unserer Seele zu öffnen, gibt es eine einfache Methode (und wichtig: Diese Methode ist kein muss, sondern ein kann).

Legen Sie sich möglichst bequem an einen Platz, den Sie mögen, und wenn es die Couch ist. Das hat den Vorteil, dass Sie Ihrem Körper keine Aufmerksamkeit widmen müssen, außer der, darauf zu achten, ob Signale im Zusammenhang mit Ihrem Thema kommen. Dann können Sie mit dem Thema, das Sie beschäftigt, in die Entspannung gehen. Wenn Sie das einige Male so getan haben, kommt die Veränderung Ihrer Wahrnehmung schon nach wenigen Minuten. Falls Sie einschlafen, das Risiko ist bei dieser Meditationsform hoch, können Sie auf Träume und alles Auffällige achten, an das Sie sich beim Aufwachen erinnern. Vielleicht nicht beim ersten Mal, aber schon sehr bald werden Ihnen Besonderheiten auffallen, die Ihnen zuvor nicht aufgefallen sind.

Was ist anders bei dieser Art zu meditieren? Man selbst rückt in den Mittelpunkt der eigenen Aufmerksamkeit.

Der nächste Schritt ist die Übung, möglichst nicht gleich einzuschlafen, sondern möglichst lange mit der Aufmerksamkeit bei dem Thema zu bleiben, welches Sie sich ausgesucht haben. Irgendwann haben Sie es dann gelernt, sich in dem Zwischenraum zwischen Wachzustand und Schlaf für kurze Momente aufzuhalten. In diesem Zustand sind Sie für die Botschaften aus Ihrem Unterbewusstsein am empfänglichsten.

Dabei lernen Sie die Sprache Ihrer Seele kennen, die sich auf verschiedene Weisen mitteilen kann. Seien es nun Gefühle, Erinnerungen, Bilder, Reaktionen Ihres Körpers – was auch immer. Dieser Moment ist vergleichbar mit dem Suchen eines Radiosenders. Wir starten quasi den „inneren" Suchlauf.

Sobald Sie die Sprache oder Sprachen Ihrer Seele kennen, brauchen Sie die Meditation nicht mehr, um spirituell arbeiten zu können, es sei denn mit sich selbst. Unsere Seele kann sich auf mannigfaltige Art mitteilen. Seien es Träume, emotionale oder körperliche Gefühle, was auch immer. Eventuell haben Sie schon einen Weg gefunden, wie Sie mit sich selbst, Ihren eigenen Fähigkeiten kommunizieren können. Es kann auch sein, dass Sie zu Beginn nichts wahrnehmen und eventuell ein geruhsames Mittagsschläfchen halten. In so einem Fall sind Sie bitte nicht zu streng mit sich selbst. Es könnte beispielsweise auch ein Test Ihres Unterbewusstseins sein. Ein Test, der Sie auf die Bereitschaft prüft und vorbereitet, ob Sie die Dinge so nehmen, wie sie sind, oder vielleicht etwas Eigenes hinzufügen würden.

Wenn unser Bewusstsein erst einmal verstanden hat, dass und wie es Verbindung mit der eigenen Seele aufnehmen kann, wird es mit der Zeit zur Gewohnheit, auf unterbewusste Signale zu achten. Dann ist es durchaus möglich, dass Sie ihren eigenen Weg finden, z. B. durch eine aktive Beschäftigung, die den Verstand ablenkt und es Ihnen gleichzeitig ermöglicht, durch den flexiblen Fokus auch auf Informationen aus dem Unterbewusstsein zu achten. Ein Beispiel hierfür sind Spaziergänge in der Natur. Solche Betätigungen können meditativen Charakter haben, bei denen wir uns entspannen können und dadurch für äußere und innere Eindrücke gleichzeitig offen sind.

Durch Meditationen rücken wir uns selbst in den Fokus unserer Aufmerksamkeit. Alles störende Äußere, wie Motorengeräusche, Kindergeschrei usw. rückt in den Hintergrund. Wir können uns entspannen und geben uns dadurch den Raum und die Freiheit, für unsere unterbewussten Signale empfänglich zu werden.

9. Erkenntnisse und Wahrheiten

– alles, was lebt, hat eine Seele
– die Seele ist unsterblich, sie kennt weder Zeit noch Raum
– sie kann verletzt werden
– Verletzungen können in andere Leben wirken
– wir sind nicht alleine, es gibt auch körperlose Wesen
– es gibt körperlose Wesen, die uns schaden
– es gibt körperlose Wesen, die uns guttun
– es gibt das Böse
– es gibt das Gute
– es gibt ein Leben nach dem Tod
– es gibt die Wiedergeburt
– es gibt das Paradies
– wenn wir sterben, ist es die Entscheidung unserer Seele,
  ob wir im Rad der Wiedergeburten bleiben oder ins Licht
  (Paradies) gehen

Wenn wir unsere Selbstentwicklung zulassen, werden die Wünsche und die Bedürfnisse nach Macht, nach Geld, nach Befriedigung unserer Gier unbedeutend im Verhältnis zu unserem Wunsch, unsere innere Einheit wiederherzustellen.

In der spirituellen Welt gibt es kein muss. Alles geschieht aus freiem Willen, der auf der Erkenntnis von richtig und falsch beruht. Ein spirituelles Wesen würde uns niemals auffordern, etwas zu tun, weil es getan werden muss oder wir es tun müssen – ein geistiges Wesen schon.

So ist es unsere eigene Entscheidung, wenn wir aus diesem Leben scheiden, ein neues Leben zu beginnen oder ins Licht zu gehen. Das ist auch der Grund, warum viele Seelen körperlos auf dieser Ebene verweilen oder immer wieder inkarnieren. Sie haben es noch nicht verstanden, dass sie in ihrer Entscheidung frei sind oder sie sind davon überzeugt, das Paradies nicht zu verdienen.

Sobald wir den erweiterten Zugang zu unserer Wahrnehmung zurückerlangt haben und menschliche Seelen wahrnehmen können, können wir sie bei ihrer Entscheidung, den Weg des Lichts zu gehen, unterstützen. Wir Menschen sind trotz unserer Spiritualität noch erdverbunden, weil wir ja auf dieser Ebene leben. Wir brauchen nicht „Neutral" zu sein. Wir können ganz klar Position beziehen - für das Gute im Menschen, für Gott und seine Schöpfung. Und wir können mit dieser Überzeugung Seelen, die noch zögerlich sind oder die sich nicht für berufen halten, bei ihrer Entscheidung unterstützen.

Wir dürfen ganz klar Position für das Gute, für das Licht, für Gott beziehen, da wir noch in der Dualität gefangen sind und diese nur die eine oder andere Seite zulässt. Entweder wir bemühen uns redlich, Integrität zu leben, oder wir lassen es sein und folgen unserer negativen Seite. Ein bisschen Gut und ein bisschen Böse zu sein und sich das Beste von beiden Seiten heraus zu suchen, bringt uns in unserer Entwicklung nicht wirklich weiter. Die Trennungslinie ist so scharf, dass es ein dazwischen nicht gibt. Es ist also schon eine bewusste, d. h. eigene Entscheidung nötig und dann auch das Handeln danach.

Wenn uns das nicht immer gelingt, ist das der Ausdruck des irdischen Entwicklungsprozesses. Der menschliche Entwicklungsprozess ist ein Lern- und ein Erkenntnisprozess. Wir lernen aus unseren Fehlern und erkennen dadurch, was wir falsch gemacht haben.

Die eigene Erkenntnis darüber, dass wir etwas Schlechtes getan haben, hilft uns dabei, zum Guten zurückzukehren. Und genau aus diesem Spannungsfeld heraus können wir Seelen sehr wohl unterstützend bei ihrer Entscheidung zur Seite stehen. Weil es die

„andere Seite" auch tut und wir noch nicht der Neutralität ver-pflichtet sind. Diese Neutralität der spirituellen Wesen erscheint uns leicht als unverbindlich, zögerlich und wenn wir zu kritisch sind, auch als Schwäche.

Die vermeintliche Schwäche spiritueller Wesen ist jedoch eine Stärke. Die Kraft aufzubringen, andere unbeeinflusst ihren Weg gehen zu lassen und nicht einzugreifen, auch wenn man genau weiß, dass dieser Weg schmerz- und leidvoll ist, dazu gehört die Fähigkeit zur Selbstüberwindung. Nicht zu helfen oder nicht zu beeinflussen, wenn nicht darum gefragt wurde, auch wenn das Bedürfnis einen noch so edlen Grund hat, sondern jeden Men-schen seinen Weg gehen lassen, das ist wahre Größe. Und die finden wir nicht auf der „anderen" Seite, diese Größe finden wir nur bei spirituellen Wesen.

Es ist allein unsere Entscheidung, in welche Richtung wir streben und uns entwickeln. In allen Religionen gibt es Götter, die wir anbeten und verehren. Wenn wir religiös sind, versuchen wir, die Anforderungen unserer Religion zu erfüllen. Wenn wir nicht religiös sind, suchen wir uns einen Ersatz, z. B. die Anhäufung von materiellen Werten. Es ist ein Grundbedürfnis, nach etwas zu streben, das uns Halt und Sicherheit in unserem Leben gibt. Genauso wichtig wäre es, den Bedürfnissen unserer Seele gerecht zu werden, also unsere Aufmerksamkeit nicht nur ins Äußere zu richten, sondern im gleichen Maße auch auf unser Inneres.

Nur dann kann sich ein Gleichgewicht einstellen, in dem unser Wesen zu seinem eigenen Ausdruck finden kann.

10. Du bist der Hüter Deiner Seele

Es muss für den Leser schon sehr seltsam klingen, von Dingen wie Fremdbesetzungen zu hören. Nur - es ist die Wahrheit. Wir nehmen sie nicht wahr, wir sehen sie nicht, und doch erleben wir ihre Auswirkungen auf uns. Wenn wir uns schon einmal in einer Situation erlebt haben, in der wir im Nachhinein feststellen mussten, dass wir so doch eigentlich nicht sind, oder uns selbst fremd vorkamen, war der Auslöser sehr wahrscheinlich eine Fremdbesetzung. Die Steigerung unserer Emotionen bis hin zur Unkontrollierbarkeit gelingt nur Fremdbesetzungen. Ein „Außer sich geraten" bzw. der in diesem Fall zutreffendere umgangssprachliche Begriff „ausrasten" geschieht durch die potenzielle Steigerung der äußeren Wirkung auf uns in Verbindung mit einer gleichartigen inneren Wirkung durch die Fremdbesetzung. Bildlich gesprochen stelle man sich ein Rumpelstilzchen vor, das in unserem Inneren gegen die gleiche seelische Wunde tritt, die zuvor von äußeren Umständen geschlagen wurde.

Unsere Gruppe hat bei der spirituellen Arbeit einen Anspruch. Eine Beobachtung muss durch eine zweite Person bestätigt werden. Dann kann die subjektive Wahrnehmung als objektive Wahrheit angenommen werden. Das genügt zwar keinen wissenschaftlichen Ansprüchen, aber es genügt hoffentlich Ihnen, um die Möglichkeit der Wiedergeburt und die Chance zur Heilung von Traumas und den Folgen von Besetzungen in Betracht zu ziehen. Gibt es eine bessere Bestätigung, wie die Heilung von Süchten, Krebs oder anderen schweren Krankheiten nach erfolgreicher Auflösungs- bzw. Ablösungsarbeit?

Die Hoffnung ist, dass sich immer mehr Menschen auf ihre wahre Natur und den ihnen gegeben Möglichkeiten besinnen. Dann wird es möglich sein, immer mehr von diesen Besetzungen loszuwerden. Und dann wird es unserem ICH durch die unbeeinflusste Wahrnehmung unseres Bewusstseins möglich sein, sich für das Licht zu entscheiden, wenn es dereinst vor der Wahl steht.

Damit diese Aussage richtig verstanden wird: Die verstorbene Mutter muss nicht auf dieser Ebene bleiben, um sich weiter um ihre Kinder zu kümmern. Der verstorbene Vater darf ebenfalls ins Licht, auch wenn er meint, ein nutzloses Leben geführt zu haben, und sich deshalb so schämt, dass er lieber bleibt. Dies sind zwei reale Fälle aus der Arbeit mit Seelen von Verstorbenen, die ich persönlich gekannt habe. Sie sind freudig gegangen, nachdem ihnen klar wurde, dass unsere irdischen Maßstäbe für den Himmel nicht gelten. Aus Sicht des Himmels waren Beide Seelen, die zurück ins Licht wollten. Und sie wurden freudig aufgenommen. Dies gilt für jede menschliche Seele, die vor der Entscheidung steht, zu bleiben, noch einmal ein Leben zu führen oder endlich ins Licht zu gehen. Wir müssen es nur wollen, wenn wir es sehen.

11. Die Macht des Bösen und der Weg des Guten

Um das Thema Besetzungen und böse Wesen direkt anzusprechen – ja, es gibt Wesen, die „teuflisch" sind, jedoch nicht der sind, der dahinter vermutet wird. Sie wollen Menschen nichts Gutes. Sie betrachten uns als Nutzvieh, von dem man sich nähren kann, indem man ihm Leid zufügt. Das Spektrum der negativen Emotionen und Handlungen, die solche Wesen verursachen können, ist groß.

Sie verleiten Menschen durch ihren Einfluss zu Handlungen, die enormen Schaden verursachen können. Von dem Leid, das in Folge verursacht wird, ernähren sie sich.

Man muss es wahrscheinlich selbst gesehen und erlebt haben, wie sich Menschen ins Positive verändern, sobald Traumas aufgelöst und Besetzungen in ihr eigenes Universum zurückgeführt sind, um diese Tatsache überhaupt glauben zu können.

Und ja, es gibt auch den Teufel. Die Wirkungsweise des Teufels auf uns Menschen hat sich mir nur insoweit erschlossen, dass er der Begleiter für die Besetzungen ist, wie es unsere spirituellen Freunde für uns sind. Ich lege keinen Wert darauf, mehr über diesen Teil der geistigen Welt zu erfahren. Das Beste ist, wenn wir mit ihm nichts zu tun haben. Ich kann mir auch nicht sicher sein, ob das Wesen, das sich mir mehrmals als Teufel gezeigt hat, auch wirklich der Teufel ist. Ich will es auch gar nicht wissen. Bei allem Schutz und bei aller Unterstützung aus der spirituellen Welt ist mir dieses Thema doch zu heikel.

Was sich bei der Ablösungsarbeit als sehr hilfreich und wirksam herausgestellt hat, ist das Gebet und die Bitte um Hilfe und Unterstützung. Das Gebet bietet Schutz für den Behandelten und für sich selbst. Es unterstützt die eigenen spirituellen Fähigkeiten und gibt Sicherheit. Der Glaube an Gott und die Liebe zu seiner Schöpfung, auch zu den ungebetenen Gästen, versetzt uns in die Lage, solche Aufgaben bei der spirituellen Arbeit bewältigen zu können.

Love is the key.

Wenn wir mit negativen Gefühlen wie Aggression und ohne Mitgefühl für alle Beteiligten an die Arbeit gehen, lassen wir sie besser bleiben. Sie wird scheitern. Der Glaube an Gott sowie Liebe und Mitgefühl für alle Wesen sind stärker als jede noch so starke Besetzung. Deshalb müssen wir bereit und fähig sein, mit diesen Eigenschaften an eine Ablösungsarbeit zu gehen, auch weil wir dann unseren spirituellen Freunden am nächsten sind. Wut und Hass schaffen Distanz, während Liebe und Mitgefühl Nähe ermöglichen.

Das Nächste, was zu beachten ist, wir müssen Geduld haben, damit sich die Verbindung zum Geschehen in Ruhe und Gelassenheit entwickeln kann. Musik, Räucherwerk und andere Hilfsmittel sind eher störend, auch energetisch. Sobald wir die Hand auf die Stelle gelegt haben, die uns als Erstes aufgefallen ist, dürfen wir uns nicht mehr von der äußeren Welt ablenken lassen. Wir sollten die Umgebung so einrichten, dass uns auch ein Telefon nicht aus der Ruhe bringen kann.

Wenn dann die ersten Bilder zum Geschehen vor dem geistigen Auge entstehen, sollte die innere Einstellung des konzentrierten Beobachters eingenommen werden. Die jeweilige Geschichte spricht für sich, wir dürfen nicht versuchen, daran etwas zu ändern, auch wenn der Anblick noch so schmerzvoll ist.

Ein Tipp: Wir dürfen zum besseren Verständnis mitfühlen, wir sollten jedoch keinesfalls in Mitleid(en) verfallen. Wenn das geschieht, sind wir nicht mehr neutral und verlieren die notwendige Objektivität des Betrachters. Die Situation ist vergleichbar mit einem Zuschauer in einem Theater. Wir betrachten, verfolgen die Szenerie, und halten unseren Verstand ruhig. Das war meine persönliche Hürde. Mein Verstand meinte immer, die Situation sofort analysieren zu müssen, um (voreilige) logische Schlüsse zu ziehen. Es war eine starke Ablenkung in der notwendigen Ruhe. Erst nachdem ich gelernt hatte, mein Bewusstsein beim Geschehen zu halten, und nicht mehr auf meinen Verstand zu achten, wurde die Auf- und Ablösungsarbeit sehr viel leichter. Verstehen können wir nach der Arbeit, wenn wir die Abläufe noch einmal vor unserem geistigen Auge vorbeiziehen lassen.

Was nun geschieht, die Seele des Betroffenen kann sich öffnen und das Erlebte, welches die traumatische Blockade ausgelöst hat, frei geben. Dieses „frei geben" ermöglicht es uns, die auslösende Geschichte sich noch einmal aus ihrer Versenkung entwickeln zu lassen. Manchmal kann der Betroffene die Geschichte ebenfalls mit ansehen, manchmal müssen wir ihm die Situation beschreiben. Wenn die Situation ausreichend verstanden ist, steigen meistens auch die blockierten Gefühle dazu auf. Auch wenn der Betroffene selbst wenig mitbekommt, muss er die Gelegenheit haben, die Gefühle, die er hat, zum Ausdruck zu bringen. Erst wenn dies geschehen ist und damit das energetische Potenzial aufgelöst ist, können das Verständnis und das Verzeihen den Heilungsprozess einleiten. Deshalb ist es notwendig, die Hände solange beim Behandelten zu lassen, bis wir sehen, dass die seelische Wunde geschlossen ist oder zumindest wahrnehmen, wie der Fluss der Heilenergie aus unseren Händen oder die Arbeit unserer spirituellen Freunde nachlässt.

Eine Erkenntnis aus der Zusammenarbeit mit der spirituellen Welt ist, dass der Mensch im Grunde seines Wesens gut ist. Wir besitzen alle die Fähigkeiten des positiven und des negativen Spektrums, haben aber durch die vielen Leben zumindest unterbewusst schon gelernt, dass die Fähigkeiten des positiven Spektrums gut für uns sind. Traumatische Einflüsse können die eine oder andere Fähigkeit beeinflussen, vielleicht auch behindern oder verhindern, aber erst durch Besetzungen mit bösartigen Wesen entarten Fähigkeiten, weil sie sich unserer Kontrolle entziehen. Im Grunde ist Ablösungsarbeit nichts anderes wie Exorzismus, mit dem Unterschied, dass wir heute um unsere erweiterten Fähigkeiten wissen und miterleben können, was sich vor unserem geistigen Auge abspielt. Es scheint, als würde sich die Menschheit nicht nur in die negative Richtung entwickeln, sondern auch ihre positiven Fähigkeiten weiter entfalten.

Die spirituelle Welt hilft immer, wenn wir sie rufen. Nur muss die Initiative bei der spirituellen Arbeit von uns selbst kommen. An dieser Stelle ist insbesondere die Initiative des Betroffenen gemeint. Nur mit dessen Bereitschaft und Willen, sich auf diesen Weg seines Heilungsprozesses einzulassen, dürfen wir mit der Arbeit beginnen. Während wir anfangs, solange wir noch wenig Erfahrung haben, vielleicht nur einen kleinen Teil der Arbeit erledigen, wird der Anteil der direkten Mitwirkung der spirituellen Welt mit der Zeit immer geringer. Wir erfahren dadurch eine Ausbildung, die uns irgendwann dabei hilft, die Auflösungs- und Ablösungsarbeit in Ruhe, Liebe, Mitgefühl und Achtsamkeit zu bewältigen.

Ich habe unsere spirituellen Freunde dabei beobachten dürfen, wie sie uns bei der Arbeit beobachtet haben, nachdem sie uns zuvor viele Informationen gegeben hatten und durch „vormachen" gezeigt hatten, wie die Arbeit funktioniert. Wenn etwas nicht klappte, griffen sie immer hilfreich ein. Es war für mich die schönste, angenehmste und zugleich abenteuerlichste Ausbildung, die mir in meinem Leben zuteil wurde.

Eine derartige Güte hatte ich zuvor noch nicht erlebt. Etwas selbst tun zu können, und trotzdem einem anderen den Vortritt zu lassen, damit er es selber auch lernen kann, ist auch eine Eigenschaft, die wir Menschen haben. So konnte jede Generation ihr

Wissen an die nächste weitergeben und diese dann das vorhandene Wissen weiterentwickeln.

Entwicklung kann geschehen, wenn wir dazu bereit sind. Sie ist jedoch viel leichter, wenn uns jemand zur Seite steht, der uns Sicherheit gibt und das Vertrauen in uns selbst fördert. Und genau so funktioniert die Zusammenarbeit mit der spirituellen Welt. Wir können, wenn wir wollen. Wir werden niemals dazu gezwungen.

Diese Realität, die Erde, ist unsere Spielwiese. Völlig losgelöst von jeglicher Erinnerung an unsere wahre Herkunft und wer wir wirklich sind, können wir uns hier austoben. Wir erfahren dadurch, wie es ist, wenn wir uns von unserem Ego steuern lassen. Wir erfahren auch, wie es ist, vom göttlichen Sein getrennt zu sein. Wir erleben durch das Ausreizen der gegensätzlichen Pole der Dualität die andauernde Verletzung unserer Seele. Wenn wir Gut und Böse als die Pole unseres Handlungsspielraumes nehmen, nutzen wir Menschen das ganze Spektrum der Möglichkeiten.

12. Eskalation der vom Menschen beeinflussbaren Dualität

Unsere Realität kennzeichnet sich durch Gegensätze. Auf der Erde leben immer mehr Menschen, dafür leidet die Diversität, die Vielfalt der Arten. Es gibt immer mehr Reichtum bei wenigen, dafür leidet der Wohlstand bei vielen. Durch Zentralisierung wächst die Macht und der Einfluss bei wenigen, während immer mehr Menschen immer weniger mitgestalten können.

Dies sind nur einige Beschreibungen der Auswirkungen eines Effektes, dem alle Menschen ausgesetzt sind, der Eskalation der Dualität. Wir erleben Situationen, in der eine Mitarbeiterin wegen dem Einbehalten eines Rabattes die Kündigung erhält, während Spekulanten den Staat unbestraft um Milliarden betrügen. Wenn unsere Realität eskaliert, weil wir dort, wo es nötig ist, nicht Grenzen setzen, eskalieren immer beide Pole, die Ungerechtigkeit und die Gerechtigkeit, die Machtentfaltung und die Machteinschränkung und letztendlich auch das Böse und das Gute.

Je nachdem, wie wir die Prioritäten setzen und entsprechend die Waagschale der entgegengesetzten Pole ausschlagen kann, müssen wir dann auch mit den Konsequenzen leben. Es gibt Lebensbereiche, in denen wir bereit sind, eine Überregulierung bzw. eine strenge Regulierung zu akzeptieren, während wir in anderen Lebensbereichen gar keine Regulierung zulassen.

Zwei konkrete Beispiele zu dieser Aussage:

(1) Das Zusammenleben von Menschen in staatlichen Gefügen wird immer mehr durch immer neue Gesetze geregelt, während diejenigen, die sie veranlassen, sich immer größere Freiräume für ihre Entscheidungen „herausnehmen".
(2) Welches Volk möchte, dass Atomwaffen gebaut und stationiert werden? Wenn die Bevölkerung gefragt würde, ob sie auf

Atomwaffen verzichten würde, wenn der vermeintliche Gegner auch verzichtet, wäre das Ergebnis klar.

Es scheint, als hätte sich in der Entwicklung der Menschheit nichts geändert, außer dass die Pole der Dualität, soweit sie von Menschen beeinflusst werden können, immer mehr auseinanderdriften. Wo liegt nun die Verantwortung für diese Entwicklung. Bei denjenigen, die sie für sich ausnutzen oder bei denjenigen, die sie zulassen? Die Antwort ist einfach. Bei allen, die keine Verantwortung übernehmen.

Die Eskalation der Dualität ist nicht nur möglich, weil wenige die Möglichkeiten für sich ausnutzen, sondern auch, weil viele sie zulassen. Solange Menschen bereit sind, die Verantwortung insbesondere für die Politik und das Kapital an wenige abzugeben, kann die Eskalation der Dualität voranschreiten. Solange ist auch kein Ausgleich der gegensätzlichen Interessen möglich. Es scheint, als wäre ein gerechter Ausgleich der gegenseitigen Interessen nicht ohne eine Neuorganisation der vorhandenen Strukturen möglich.

Es ist eine Verletzung der Integrität von Menschen, wenn die Wahrheit nicht gesagt wird. Schauen wir doch einmal genauer hin:

- Politiker, die Wähler nicht oder ungenau informieren
- Polizei, die über die Nationalität von Tätern im Unklaren lässt
- Presse, die Nachrichten verfälscht

Es gibt viele Beispiele für zurückgehaltene Wahrheiten. Wir sind alle davon betroffen. Auch diejenigen, die Wahrheiten zurückhalten, sind Opfer. Weil sie nicht nur Wahrheiten zurückhalten, sondern andere Wahrheiten nie erfahren, weil diese wiederum von anderen zurückgehalten werden. Eine Analyse macht dann

Sinn, wenn sie dem Verständnis einer Situation dient und dadurch in der Synthese eine Lösung für ein Problem bietet.

Ein Mensch, der das Gute will, dabei aber Böses tut, handelt nicht gut. Der Zweck heiligt nicht die Mittel. Nehmen wir hierzu ein einfaches Beispiel. Einige Chemieunternehmen haben es sich als Ziel gesetzt, die Menschheit auch dann ernähren zu können, wenn die Bevölkerung auf 10 Mrd. anwächst. Neben hierfür geeigneten Düngemitteln wurden auch Insektizide entwickelt, die nur Schadinsekten töten sollten. Nachdem sich die Biomasse auch bei Nutzinsekten bedenklich reduziert hatte, wurde festgestellt, dass diese zwar nicht getötet, aber durch die Reduzierung der Körperfunktionen so beeinträchtigt wurden, dass sie nicht überleben konnten.

Ohne Nutzinsekten kann die Menschheit jedoch nicht überleben und töten ist kein spirituelles Handeln.

Es gibt zwei Arten zu lernen und sich zu entscheiden. Die erste ist, aus eigener Erkenntnis zu einer Entscheidung zu kommen. Die zweite ist, auf Anweisung zu handeln und dadurch zu lernen. Der Vorteil der ersten Lernmethode ist, dass man selbst zu einem Ergebnis kommt. Die Ergebnisfindung kann lange dauern, und/oder schmerzvoll sein.

Die zweite Art zu lernen ist die, das Ergebnis mitgeteilt zu bekommen. Diese Methode ist in der Regel schneller und weniger aufwändig. Diese Methode setzt jedoch voraus, dass diejenigen, die Wissen weitergeben, dieses ehrlich tun. Und jetzt schauen wir einmal uns Menschen an. Ehrlichkeit ist nicht gerade unsere Stärke.

Wenn wir unser Leben neutral und unbeeinflusst leben wollten, dürften wir uns auf keine Aussage verlassen, sondern müssten jede Entscheidung eigenständig fällen. So funktioniert jedoch unsere Gesellschaft nicht und wir selbst müssen uns auf die Gesellschaft verlassen – und die Gesellschaft auf uns. Dies ist einer der Gründe, warum die Wahrheit gesprochen und danach gehandelt werden muss. Auf lange Sicht funktioniert eine Gesellschaft oder ein Staat nur, wenn die Wahrheit vertreten wird.

Wir erleben jedoch das genaue Gegenteil. Es scheint immer mehr Usus (üblich) zu werden, dass gelogen wird. Auch bei Menschen in wichtigen Funktionen, seien es Politiker oder Unternehmer. Seien es nun die Lügen über Nutzinsekten, die scheinbar nicht vergiftet werden oder Dieselmotoren, die nicht gesetzeskonform sind oder Politiker, in diesem Fall Präsidentschaftskandidaten, die sich gegenseitig öffentlich belügen. Das könnte ein Hinweis darauf sein, dass das demokratische System, wie wir es kennen, nicht mehr funktioniert.

Abhilfe kann nur die schweigende Mehrheit schaffen. Zum ersten Mal sind die Völker gefragt, weil die Menschen durch das Internet und die internationalen Medien mitbekommen, was wirklich läuft. Das, was immer verheimlicht wurde, ist nun öffentlich. Ob es nun in Hongkong geschieht oder im Sudan, spielt keine Rolle mehr. Da die nicht Mächtigen, die Mehrheit, die Völker, jetzt mitbekommen, was wirklich läuft, können sie auch entsprechend reagieren.

Wir können immer nur für uns selbst entscheiden. Sobald eine Entscheidung auch andere betrifft, müssen diese gefragt werden. Mit den vorangegangenen Argumenten haben wir doch schon einige Grenzen, die nicht überschritten werden dürfen.

In einem System, das spirituelle Gesichtspunkte berücksichtigt, darf nicht getötet und nicht gelogen werden. Damit ist dann auch die Todesstrafe gemeint und eventuelle Notlügen oder Unwahrheiten u. a. in der Politik und der Presse. Da wird die Luft auf unserer Erde schon recht dünn, sinnbildlich gesprochen. Es gibt

121

zwar viele Staaten, in denen es keine Todesstrafe gibt, aber viele oder vielleicht alle, in denen die Wahrheit nicht immer vertreten wird.

Aus diesem Grund ist der Titel des Buches „Die Wahrheit <u>darf</u> wahr werden". Sie muss es nicht, wenn wir es nicht wollen. In diesem Sinne wünscht Ihnen der Autor eine glückliche Zeit und Gelegenheit, in diesem – Ihrem Leben – einige der Belastungen Ihrer Seele aufzulösen.

13. Trauma und Karma richtig schreiben?

Trauma kommt aus dem Griechischen. Das Plural (Mehrzahl) ist: Traumata oder Traumen. Weder die eine noch die andere Schreibweise gefällt dem Autor.

Karma kommt aus dem Sanskrit. Für Karma gibt es im deutschen kein Plural. Im Sinne des Buches ist Karma ein Trauma aus einem anderen Leben. Ein Mensch kann viele traumatische Erlebnisse in vielen Leben haben. Karma ist demnach nicht auf nur auf ein Leben begrenzt. So zeigt es sich zumindest in Auflösungen. Ist ein karmisches Erlebnis aufgelöst, folgt das nächste.

Die allgemeine Mehrzahl bei Pizza oder Komma ist auch Pizzas oder Kommas. Genau so wird in diesem Buch verfahren. Als Plural für Trauma und Karma wird ein -s eingesetzt, also Traumas und Karmas. Das ist weniger dramatisch und lässt sich leichter lesen.

Quellenverzeichnis:

(1) S. 61 Oxfam, 82 % des weltweiten Vermögenswachstums gehen an das reichste Prozent der Bevölkerung - 22.1.2018

(2) S. 61 Credit Suisse Group AG, Global Wealth Report 2017 - 14.11.2017

(3) S. 66 evidero GmbH, Köln
Isoglukose in Lebensmitteln ist schädlicher als Kristallzucker
Artikel v. Anette Coumont

(4) S. 66 transparenz Gentechnik,
Gentechnisch veränderter Mais: Anbauflächen weltweit

(5) S. 66 Bundesministerium für Umwelt, Naturschutz und nukleare Sicherheit - Naturbewusstseinsstudie 2017

(6) S. 66 ÄrzteZeitung, Warum der Zuckersirup zum Problem werden könnte - 19.10.2017

Über den Autor:

Günther Messerschmid, 1955 im Südschwarzwald geboren und dort aufgewachsen. Es folgte eine Ausbildung, Bundeswehr, Studium und danach die Arbeit in mehreren internationalen Konzernen und im eigenen Betrieb.

Die Beschäftigung u. a. mit Astrologie, Lichtarbeit, Buddhismus, Kabbala und eine Ausbildung zum Reiki-Meister ermöglichte das Erforschen der Grenzen menschlichen Seins. Die Arbeit mit Trauma und Karma ist für ihn die effektivste Methode, die Seele von den Belastungen der Vergangenheit zu befreien.

 Zwei Bücher zum Thema „menschliche Seele" waren Ende 2018 nach fast 30 Jahren Erkenntnisarbeit geschrieben, aber nicht veröffentlicht. Dazu brauchte es 2019 und 2020 die Erkenntnisse aus normalerweise tödlichen Krankheiten. Unter anderen eine Sepsis, zwei Herzstillstände und ein Organversagen beim Autor brachten die Bereitschaft, das erlangte Wissen weiterzugeben.

Weitere Bücher des Autors:

Das Trauma der Seele

Inspiration, Imagination, Phantasie, Verstand, Denken und Sprache sind nur ein Teil ihres Spektrums. Ihre Fähigkeiten überschreiten bei Weitem das durch unseren Verstand vorstellbare Maß. Unser Gehirn ist lediglich der organische Vermittler zu unserem Körper. Mehr nicht.

Der Ausdruck der Seele kann durch traumatische Erlebnisse behindert oder verhindert werden. Das Buch beschreibt, wie Trauma durch die Verletzung der Integrität unserer Seele entsteht. Es beschreibt auch die Auswirkungen durch Traumas aus diesem und aus anderen Leben und wie sie geheilt werden können.

132 Seiten   ISBN: 9 783748 165798

Dem Himmel so nah

Wir leben im 21. Jh. und können die letzten Fragen, wer wir sind, woher wir kommen und wohin wir gehen, immer noch nicht eindeutig klären. Wir können diese Fragen nicht mit den wissenschaftlichen Methoden beantworten, die uns zum Mond brachten. Wir können jedoch die Antworten in uns finden, indem wir die ureigenen Fähigkeiten nutzen, die jedem Menschen innewohnen.

Dann wird die Wahrheit zu Wissen, auch wenn wir sie nicht messen, wiegen oder zählen können. Dieses Buch bietet den Ansatz, über Erfahrung mit sich selbst und das Erleben von sich selbst zu sich zu finden, zur Quelle unseres Seins.

190 Seiten   ISBN: 9 783748 181439